LE PRÊTRE SELON NIETZSCHE

TOME 1

5-7, rue de l'École-Polytechnique, 75005 Paris

http://www.harmattan.fr
diffusion.harmattan@wanadoo.fr
harmattan1@wanadoo.fr

ISBN : 978-2-343-01832-4
EAN : 9782343018324

AKE Patrice Jean

LE PRÊTRE SELON NIETZSCHE

TOME 1

L'Harmattan

Du même auteur

NIETZSCHE ET SA VISION DE L'HOMME : Une interpellation de l'Africain, L'Harmattan, 2010

NIETZSCHE FACE AU CINQUANTENAIRE DES INDEPENDANCES AFRICAINES, L'Harmattan 2011

Introduction

Dans cet ouvrage, nous entendons trouver chez Nietzsche de quoi dévoiler la psychologie du prêtre, en vue d'amener celui-ci à mieux s'assumer et prendre en compte les origines de ses propres privations. Le terme « prêtre », dans son étymologie générale, est un mot français du XIIe siècle, prestre, qui vient du latin chrétien, **presbyter**.

Tertullien l'avait employé déjà au IIIe siècle, et ce terme signifie vieillard. Dans la _Vulgate_, **presbyter** est utilisé à la place de prêtre. Tertullien a emprunté ce terme au grec, **Πρεσβυτερος**. **Πρεσβυτερος** vient de **πρεsβυς**, qui signifie dans un premier sens, vieux, âgé, ancien, d'où, le chef, l'aîné. Par extension, le mot est employé pour signifier quelqu'un qui est digne de respect, respectable, précieux, cher, et considérable. On peut l'employer dans le sens de juger quelque chose comme très important. Ce mot peut aussi s'appliquer aux choses divines, qui sont au-dessus des choses humaines. Le substantif **πρεσβυς** signifie envoyé, député, ou ambassadeur.

Pour mener à bien cette recherche, nous avons lu un certain nombre d'ouvrages de Nietzsche tels que _la Généalogie de la Morale,Aurore_, _Humain trop humain_, _Crépuscule des Idoles_, _Par-delà Bien et Mal_, _Antéchrist,Ainsi Parlait Zarathoustra_... Nous sommes partis de l'ouvrage la _Généalogie de la Morale_ pour chercher notre objet et utiliser la méthode généalogique de Nietzsche. Car, il s'agira au cours de cet ouvrage de chercher des justifications d'une étude sur le prêtre. La méthode généalogique

que nous exposerons dans la deuxième partie de ce livre, permet à Nietzsche de dévoiler la psychologie du prêtre.

Nietzsche, nous le pensons, dans sa critique générale du christianisme, ne peut ne pas rencontrer le prêtre : personnage ignoré ou moqué, quoique, nous le verrons, dans la troisième partie de ce livre, imité et caricaturé par les philosophes, le prêtre figure parmi ces aristocrates qui, après la caste des guerriers et en concurrence avec elle, donne une loi, impose des valeurs, soumet la volonté à des règles, fixe un but et un sens à la vie. L'histoire occidentale, notamment, serait peu intelligible sans son influence. C'est pourquoi l'intérêt porté au cas du prêtre (non au sacerdoce en tant qu'institution), apparaît extraordinairement central dans le texte nietzschéen.

Les analyses que Nietzsche fait du type chrétien du prêtre sont très complexes : selon Nietzsche, le prêtre est un homme qui se sacrifie pour recevoir en secret, les immondes secrets des autres, qui rend à l'humanité un service d'hygiène non publique, mais qui se sert du confessionnal pour miner la confiance en soi et la trop bonne santé des classes dominantes. Faible et courbé devant les maîtres aristocratiques, envieux et contempteur de toute jouissance, de toute affirmation de soi, il est l'homme type du ressentiment. Il use de son sacrifice du corps, refus du mariage et de la raison (rabâchage de l'Écriture, hallucinations de l'autre monde) pour assurer sa maîtrise sur les maîtres. L'impuissance a fait grandir en lui une haine monstrueuse, sinistre, intellectuelle et venimeuse. Les grands vindicatifs de l'histoire ont toujours été des prêtres. Il accroît la souffrance des fidèles, ravive leurs angoisses, affine leur mauvaise conscience, pour les guider vers les consolations de l'idéal ascétique. Il distribue avec une égale prodigalité le réconfort du doux pardon divin et la menace par des sermons sur l'Enfer. Cela pour le peuple.

Pour les âmes d'élite, le prêtre invente la narcose mystique, sorte d'ascétisme inversé en extases sensuelles, mais il se méfie de ces états peu socialisables. Il préfère favoriser d'une part, le travail obéissant et soumis, car le travail par l'activité machinale assure le sommeil des sens et de l'esprit, et d'autre part la vie caritative. Mais à cette domination sur les forts, il préfère accroître sa domination sur eux, et assurer son emprise sur l'État. À preuve, les premiers penseurs de l'Etat arrivent à grand-peine à sortir du cercle théologico-politique. Finalement, Nietzsche, parlant du prêtre, aborde des sujets presque tabous comme ceux concernant sa chasteté et sa relation avec la vie concrète, ce que nous appelons la relation ontologique.

Aussi nous pensons que le prêtre d'aujourd'hui est condamné à vivre dans l'équivoque et la duplicité. Il a en secret, la témérité du criminel blême, selon le mot de Nietzsche, d'une personne qui pèche par faiblesse et non par violence et qui, dévorée par ses scrupules de conscience, met toute sa passion à souffrir et à faire souffrir alors qu'il devrait répandre la joie et le bonheur.

Notre méthode a été d'expliciter la méthode généalogique qui se trouve mise en œuvre dans la Généalogie de la morale. En quoi la Généalogie de la morale par exemple, peut-elle trouver place dans une étude sur le prêtre ? Plus exactement par quels détours l'analyse généalogique de la morale conduit-elle à une analyse du prêtre ? Dans Ecce Homo, Nietzsche répond à ces interrogations[1]. Nous verrons ainsi la place centrale de la Généalogie de la morale dans cet ouvrage. L'idéal ascétique est l'idéalisation de l'ascétisme, la croyance que la meilleure vie humaine est une vie qui se renie elle-même. Ensuite, la troisième dissertation semble destinée à confondre les lecteurs sur la multiplicité des idéaux ascétiques. Pourquoi parmi cette multitude d'idéaux ascétiques, Nietzsche s'oppose seulement à certains d'entre eux ?

Enfin, Nietzsche répond à la question initiale : Il va distinguer les différentes versions de l'idéal ascétique, dont les plus importantes sont celle des philosophes et celle des prêtres. C'est ici que nous observons un glissement dans le texte de Nietzsche. Il passe des idéaux ascétiques à l'idéal ascétique. Les conclusions

....

1 NIETZSCHE.- Ecce Homo de la Généalogie de la Morale dans Œuvres, volume 2, (Paris, Robert Laffont, 1993), pp. 1182-1183.

formulées à la fin du paragraphe de cette troisième dissertation, concernent l'idéal ascétique.

Tous ces problèmes nous ont obligés, dans la première partie de notre travail, à procéder à une mise en place de la psychologie sacerdotale et à faire apparaître la présence de l'idéal sacerdotal dans les idéaux modernes ou au sein des activités comme l'art, la philosophie ou même l'athéisme.

Nous avons essayé de montrer dans cet ouvrage que l'idée fondamentale de Nietzsche est que cet idéal ascétique a sauvé la volonténihiliste du suicide pour un temps[2]. L'idéal ascétique a donné un sens à l'humanité[3]. Le commentaire de la Généalogie de la morale dans Ecce Homo, détruit complètement cet idéal. Nietzsche voit sa propre tâche, comme celle de donner une alternative à l'idéal ascétique. Voilà pourquoi dans la deuxième partie de notre ouvrage, nous avons jugé utile d'exposer la méthode généalogique, mais surtout de parler du nihilisme et enfin du sens des idéaux ascétiques. Ce que nous montrons dans cette partie, ce sont les raisons pour lesquelles Nietzsche s'oppose à l'idéal du prêtre ascétique qui est l'ennemi de la vie, le négateur.

Dans la critique de la psychologie du prêtre que nous faisons, nous montrons que l'idéal ascétique, auquel s'identifie le prêtre, a été l'idéal dominant, parce qu'il fut l'idéal « faute de mieux ». Il en est ainsi « parce qu'il n'avait pas de concurrents. »[4]

Mais ce que Nietzsche a perçu, mais qu'il n'a pas bien exprimé, c'est la séparation qu'il pose entre un système déclaré saint en soi, autrement dit, et une institution ecclésiastique inattaquable, parce que voulue par Dieu lui-même, et un homme hélas, sans cesse soumis aux tentations et faillible. Le prêtre apparaît selon notre ouvrage « comme une abstraction artificielle et schématisante,

....

2 NIETZSCHE.- *La Généalogie de la morale* 28 dans *Œuvres* (Paris, Robert Laffont, 1993), volume 2, pp. 888.

3 NIETZSCHE.- *La Généalogie de la morale* 28 dans *Œuvres*,(2), p. 888.

4 NIETZSCHE.- *Ecce Homo.-Généalogie de la Morale*., Schl. II, p.1143, précisant *La Généalogie de la morale* III , 28

incapable de rendre compte de la réalité vivante, et simplement destinée à stabiliser idéologiquement l'ordre préétabli. »[5].

Nous relevons aussi dans cet ouvrage que l'image du prêtre décrite par Nietzsche dans sa critique, apparaît à la fois extrêmement large, voire même assez floue, et extrêmement étroite. Nous avons remarqué l'importance de l'expression « prêtre ascétique » » : elle ne désigne pas seulement le prêtre catholique, mais aussi le pasteur luthérien, et aussi tout homme de Dieu de quelque religion que ce soit, ainsi que l'homme de science, l'homme politique et le philosophe. Ainsi dans la troisième partie de notre ouvrage, nous faisons une critique du type chrétien du prêtre. Nietzsche, en outre, ne se contente pas de critiquer le prêtre.

Ce que nous pouvons noter déjà ici, c'est que dans la troisième dissertation de *la Généalogie de la morale*, l'analyse de cet idéal, laisseplaner un petit doute, car Nietzsche oppose à cet idéal ascétique, un contre-idéal, celui de Zarathoustra-Dionysos.

Cette critique comporte quatre chapitres : dans le premier chapitre, nous voyons la psychologie du prêtre, à travers la domination sacerdotale. Le second chapitre montre l'exercice de cette domination sacerdotale. Le troisième chapitre analyse les limites et l'amplitude de la figure sacerdotale. Enfin, dans la quatrième partie de cet ouvrage, nous exposerons le type nietzschéen du prêtre, le type de Zarathoustra-Dionysos, qui est la figure achevée de la subjectivité humaine et qu'on peut aussi appeler le surhomme. Cette figure est appelée à remplacer le type précédent du prêtre, par sa morale qui s'appelle l'Éternel Retour et son amour du destin. Mais la réalisation de ce type reste encore une utopie éclairée.

Finalement pour nous, le prêtre ne doit pas être enfermé dans le culte. Il est un homme que la misère et la souffrance des siens ne devraient jamais laisser en paix. Aussi devrait-il s'insurger contre les fausses paix proclamées ici ou là, par ceux-là mêmes

5 DREWERMANN (E.). *Fonctionnaires de Dieu*, p. 32.

dont les injustices et la dictature constituent une véritable guerre contre le petit peuple. En d'autres termes,un prêtre digne de ce nom, ne peut pas vivre en paix alors que les gens autour de lui ne savent pas s'ils mangeront le lendemain, si leur enfant ira à l'école à la rentrée des classes, si leur cacao ou café sera acheté et à quel prix. C'est pourquoi, en célébrant l'Eucharistie, il ne devait pas se limiter à demander la paix pour son pays mais parler aussi des rapports étroits entre la paix et la justice et montrer que la paix qui ne repose pas sur des institutions justes est toujours précaire. C'est en cela qu'il peut être considéré comme un ministre de l'inquiétude. Nous avonsfait, au cours de cette étude, une analyse psychologique de saint Paul, le prêtre type, d'une façon succincte, mais une étude plus globale sur les prêtres.

Les difficultés que nous avons rencontrées pour mener à bien ce travail, ont été de prendre de la distance par rapport au sujet lui-même. Comment faire le tri entre notre état de prêtre, c'est-à-dire notre subjectivité, et le sujet que nous avons à étudier ? Nous nous sentions concernés par le sujet. Comment alors distinguer la théologie, de la psychologie religieuse, et de la psychanalyse quand nous parlons du prêtre et surtout quand nous abordons la critique nietzschéenne du prêtre ? Nous avons essayé de ne pas trop personnaliser le débat, comme nous n'avons pas voulu trop le théologiser aussi : aussi nous avons écarté toutes les objections du genre : le prêtre répond à un appel, celui de la grâce divine, il s'agit là d'un mystère, donc de quelque chose qui ne relève pas de la logique ordinaire, dont traite la philosophie. Sur le plan philosophique, cette façon de parler d'un appel divin, d'une conduite divine, nous amène à nous poser les deux questions suivantes : premièrement, de quelle nature sont les expériences philosophiques dont on peut interpréter l'origine comme divine ? Deuxièmement, quel sens cela a-t-il pour la personne concernée d'attribuer une origine divine à ses expériences marquantes ? Si l'on veut éviter que Dieu ne soit ici que pur placage, collage extérieur et aliénant d'ordre idéologique, une approche philosophique des expériences psychiques et de leur interprétation est absolument nécessaire, peut-être encore plus que jamais s'il s'agit des prêtres. Au nom de Dieu et dans l'intérêt de tous, pour des raisons relevant à la fois de la théologie et de l'hygiène mentale, il est donc non seulement légitime, mais indispensable, de soumettre à la lumière, précisément et en premier lieu de la philosophie, la parenthèse, autrement dit le cadre, dans lequel s'insère la vie du prêtre, celui qui la résume, bref, le fondement de la doctrine de foi touchant à la vocation divine particulière. Venons-en, à présent à notre première partie, la justification d'une étude sur le prêtre. Nous empruntons un premier détour qui consiste en quelques généralités sur le prêtre.

Première partie

Justifications d'une étude sur le prêtre

Premier chapitre

Le prêtre en général

1. Première section : quelques généralites sur le prêtre

Nous utiliserons pour cette partie du travail, l'érudition de H. Lesêtre, qui a exposé magistralement sur le prêtre dans le Dictionnaire de la Bible[1]. Les abréviations bibliques suivent la présentation habituelle des livres bibliques (par exemple : Gn, ou Gen pour le livre de la *Genèse...*[2] L'objet de ce livre, le prêtre - qui vient de l'hébreu (**kohên**, **kômer**), de la Septante(**ἱερεύς**), de la Vulgate(sacerdos), - est celui qui est spécialement consacré à l'exercice du culte divin[3]. Le mot **kômer** (**kâmiru** dans les lettres de Tell-el-Amarna), se prend dans un sens méprisant pour désigner les prêtres des idoles[4]. Le prêtre est appelé **mal'âk**, « envoyé » ou « ange » dans deux passages[5]. Le nom de **mâg** est celui des prêtres de Perse et de Médie. À l'origine, le chef de famille remplit lui-même les fonctions sacerdotales et, au nom de tous ceux qui dépendent de lui, offre à Dieu ses hommages et

....

1 H. LESETRE.- Dictionnaire de la Bible, Tome 4- Tome 5/1, pp. 640-662 (année d'édition et maison d'édition non marquées)

2 Cf. tableau des abréviations à la fin de l'ouvrage.

3 Deut. , X, 8 ; XVIII, 7.

4 IV Reg., XXIII, 5 ; Ose., X, 5 ; Soph. I,4.

5 Eccl., V, 5 ; Mal., II, 7.

ses sacrifices. Ainsi agissent Noé[6], Abraham[7], Isaac[8], Jacob[9]etc.... Au temps d'Abraham, Melchisédech, roi de Salem, est prêtre du Très-Haut[10], Jéthro, beau-père de Moïse est prêtre de Madian et adore le vrai Dieu[11]. Job offre lui-même ses holocaustes au Seigneur pour la purification de ses fils[12]. Les Hébreux, pendant leur séjour en Égypte, ne connurent que ce sacerdoce patriarcal. Eux-mêmes demandent à aller offrir leurs sacrifices au désert[13], ce qui peut faire supposer qu'ils n'en ont guère offert dans la terre de Gessen, mais en tous cas avec l'aide de ceux qui parmi eux remplissent l'office de prêtres. « Les prêtres qui s'approchent de **Yhwh** » sont mentionnés à l'occasion de la promulgation de la loi; il leur est commandé de se sanctifier, mais défendu de franchir les limites posées autour du Sinaï; ils doivent rester avec le peuple[14]. Plus tard, quand il s'agit de conclure l'alliance, les prêtres ne sont pas chargés d'offrir les sacrifices; Moïse envoie des jeunes gens, enfants d'Israël, pour offrir des holocaustes à **Yhwh** et immoler des taureaux en actions de grâces[15]. Puis les anciens d'Israël, et non les prêtres, sont admis à monter sur la montagne[16]. On a pensé que ces prêtres n'étaient autres que les premiers-nés[17], que **Yhwh** avait commandé de lui consacrer[18], et qui furent remplacés par les lévites. Mais rien ne prouve que les premiers-nés aient été

....

6 Gen ., VIII, 20.

7 Gen., XII, 8; XV, 8-17; XVIII, 23.

8 Gen., XXVI, 25.

9 Gen. XXXIII, 20.

10 Gen. XIV, 18.

11 Ex ., II, 16; III,1.

12 Job, I, 5.

13 Exod., V, 1-3.

14 Exod., XIX, 22-24.

15 Exod., XXIV, 4-5.

16 Exod., XXIV, 9.

17 S. JEROME.- *Epist.* LXXIII, 6, t. XXII, col. 680. In H. LESETRE.- *Dictionnairede la Bible*, Tome 4- Tome 5/1, pp. 640-662(année d'édition et maison d'édition non marquées)

18 Exod., XIII, 2.

appelés à remplir desfonctions sacerdotales, si peu de temps avant l'institution du sacerdoce aaronique, et, d'autre part, les Hébreux devaient avoir depuis longtemps des hommes marqués pour offrir les sacrifices. D'après de Hummelauer[19], le sacerdoce aurait été exercé en première ligne par les chefs de famille, sans préjudice du droit qui appartenait aux fils, comme Caïn et Abel, Jacob, … d'offrir des sacrifices en certains cas. Jacob, chef de famille et prêtre, aurait transmis ses droits, non à son aîné, Ruben, mais à Joseph, qu'il appelle « prince de ses frères »[20]. Manassé, l'aîné de Joseph, aurait hérité de la charge sacerdotale de son père, et après lui les prêtres des Hébreux auraient été choisis dans sa tribu. Mais ensuite cette tribu serait devenue indigne de son mandat; mais Moïse tint-il ses prêtres à l'écart au moment de la promulgation de la loi et fit-il offrir les sacrifices par des jeunes gens choisis ailleurs. Les prêtres manasséens auraient été les instigateurs du culte rendu au veau d'or, et les trente mille d'entre eux auraient été mis à mort par les fils de Lévi[21]. Plus tard, afin de briser davantage l'orgueil de la tribu et couper court à ses prétentions, Moïse l'aurait divisée en deux, pour qu'une partie fût établie à l'est du Jourdain et l'autre à l'ouest. Cesconjectures sont spécieuses; mais on ne peut démontrer historiquement ni la transmission exclusive du droit sacerdotal de Jacob à Joseph, ni la fixation du sacerdoce dans la tribu de Manassé. Pendant le séjour des Hébreux en Égypte, le sacerdoce continua à être exercé parmi eux dans des conditions sur lesquelles les renseignements nous font défaut. Quand Dieu voulut instituer les cérémonies de son culte, il était naturel qu'il mît de côté l'ancien sacerdoce, quel qu'il fût, pour en créer un nouveau. Les coutumes primitives étaient passées à tous les peuples, mais elles s'étaient transformées suivant les conditions particulières à chacun d'eux. Quand ceux-ci se créèrent de

……………………

19 De HUMMELAUER.- In <u>*Exod*</u>. Et Levit., (Paris, 1897) in H. LESETRE.- <u>*Dictionnaire de la Bible*</u>, Tome 4- Tome 5/1, pp. 640-662(année d'édition et maison d'édition non marquées)

20 <u>*Gen*</u>., XLIX, 26.

21 <u>*Exod*</u>., XXXIII, 28.

multiples divinités, ils ne manquèrent pas de mettre à leur service des hommes ou des femmes ayant les attributions sacerdotales.

Chez les Égyptiens, le pharaon exerçait la haute maîtrise sur tous les cultes de son empire ; il officiait devant tous les dieux, sans être spécialement prêtre d'aucun, et mettait à la tête des temples les plus richement dotés, comme ceux de Râ Héliopolitain, les princes de sa famille ou ses serviteurs les plus fidèles. Le seigneur féodal exerçait sa juridictionsur les temples de son territoire et il y exerçait le sacerdoce. Toute une hiérarchie de prêtres remplissaient les autres fonctions. Ils étaient de toute origine et il n'y avait pas de règles spéciales pour leur recrutement ; mais ils tendaient à rendre leur situation héréditaire et leurs enfants occupaient presque toujours leur place, de sorte que les prêtres égyptiens finirent par constituer une sorte de caste sacrée. Les temples les logeaient, les nourrissaient du produit des sacrifices et leur assuraient des revenus en rapport avec leur rang ; de plus, ils étaient exempts des impôts ordinaires, du service militaire et des corvées. Les nombreux serviteurs et scribes qui les entouraient, partageaient en fait les mêmes privilèges. Il y avait là tout un monde qui échappait aux charges communes. Le prêtre égyptien avait à veiller aux mille formalités que comportait le culte de la divinité à laquelle il était voué. Tous les prêtres étaient assujettis à de multiples purifications et devaient avoir la « voix juste » pour réciter correctement les formules de prière. Ils formaient une hiérarchie savamment ordonnée[22]. À chaque culte était préposé un souverain pontife, appelé premier prophète quand il servait une divinité secondaire. Au temple de Râ, à Héliopolis, et dans ceuxdu même rite, il se nommait Oirou Maou, « Maître des visions », parce que seul avec le pharaon et le seigneur du monde, il avait le droit d'« entrer au ciel et d'y contempler le dieu », c'est-

....

22 Cf. BRUGSCH.- *DieAegyptologie* (Leipzig, 1891), p. 275-291. in H. LESETRE.- *Dictionnaire de la Bible*, Tome 4- Tome 5/1, pp. 640-662(année d'édition et maison d'édition non marquées)

à-dire de pénétrer dans la partie la plus intime du sanctuaire[23]. Putiphar, « consacré à Râ », dont la fille Aseneth fut donnée en mariage à Joseph, était prêtre à On ou Héliopolis, là même où Râ, le soleil, avait son temple[24]. La fonction de Putiphar devait être la première du temple ou l'une des principales. Le philosophe stoïcien Chœrémon, qui vivait au milieu du 1er siècle, écrivit une histoire d'Égypte dont il ne reste que des fragments[25]. L'un d'eux, conservé par Porphyre, et cité par saint Jérôme[26], décrit en ces termes la vie des prêtres égyptiens : « Ils mettent de côté toutes les affaires et les préoccupations du monde, pour être toujours dans le temple. Ils observent les natures des êtres, les causes et les lois des astres. Ils ne se mêlent jamais aux femmes, et ne voient plus leurs parents, leurs alliés ni même leurs enfants, du jour où ils commencent à se consacrer au culte divin. Ils s'abstiennent absolument de viande et de vin, à cause de l'affaiblissement des sens et du vertige de tête qu'ilséprouvent même après en avoir pris très peu, et surtout à cause des appétits désordonnés qu'engendrent cette nourriture et cette boisson. Ils mangent rarement du pain, pour ne pas se charger l'estomac ; et quand ils mangent, ils prennent avec leurs aliments de l'hysope pilée, pour que sa chaleur fasse digérer une nourriture trop lourde. Au même titre que la viande, ils s'abstiennent d'œufs et de lait… Leur couche est faite avec des branches de palmiers ; un escabeau incliné et posé à terre sert de coussin à leur tête ;

23 Cf. MASPERO.- *Histoire ancienne*, t. I, p. 123-125, 303-305 in H. LESETRE.- *Dictionnaire de la Bible*, Tome 4- Tome 5/1, pp. 640-662 (année d'édition et maison d'édition non marquées).

24 *Gen*. XLI, 45.

25 Cf. JOSEPHE.- *Cont. Apion*, I, 32-33. in H. LESETRE.- *Dictionnaire de la Bible*, Tome 4- Tome 5/1, pp. 640-662 (année d'édition et maison d'édition non marquées).

26 Saint JEROME.- Adv. Jovin, II, 13, t. XXIII , col. 302. in H. LESETRE.- *Dictionnaire de la Bible*, Tome 4- Tome 5/1, pp. 640-662(année d'édition et maison d'édition non marquées).

ils supportent des jeûnes de deux, trois jours[27]. » Ce portrait ne s'appliquait qu'à une élite de prêtres égyptiens, ceux qu'on appelait prophètes, **ἱεροτολισταί**, « chargés des habits sacrés des dieux », scribes, et **ὡρολόγοι**, « ceux qui disent l'heure », et encore n'est-il pas certain que ces coutumes ascétiques remontent très haut. On voit cependant que certaines pratiques sont communes aux prêtres égyptiens et à ceux d'Israël.

Chez les Babyloniens, en Chaldée, comme en Égypte, le roi était le prêtre par excellence ; il prenait le titre de **patési**, ou « vicaire » de la divinité. Les fonctions journalières du sacerdoce étaient remplies par desprêtres, soit héréditaires, soit recrutés, formant une hiérarchie sous la conduite du grand-prêtre de chaque temple. Les grands-prêtres des divinités principales, Bel-Mardouk, Sin et Schamasch, participent à la suprématie de leur dieu. Parmi les prêtres, les **iššakku** présidaient aux libations, les **šangu** gouvernaient les différentes parties du domaine de la divinité, les **kipu** et les **šatammu** veillaient à ses intérêts financiers, les **pašišu** s'occupaient des détails du culte ; au-dessous d'eux venaient les sacrificateurs et leurs aides, les devins, les augures, les prophètes, les hiérodules de toute espèce. Tous vivaient des revenus du dieu et des offrandes qui lui étaient apportées[28]. Le grand-prêtre s'appelait **šangamahhu** ; sous ses ordres agissaient **l'ašipu** et le **băru**. **L'ašipu** ou « enchanteur » était une sorte d'exorciste chargé de conjurer les mauvais esprits, causes des maladies et de tous les maux qui affligent l'humanité ; il consacrait les idoles destinées aux temples et présidait certaines cérémonies expiatoires. Le **băru** ou « voyant », dont la fonction était héréditaire, interprétait la volonté des dieux et rendait des oracles en leur nom ; il exerçait tous les genres de divination et présidait aux sacrifices de caractère

....

27 Cf. PORPHYRE.- _De abstin_. IV, 6-8. In H. LESETRE.- _Dictionnaire de la Bible_, Tome 4- Tome 5/1, pp. 640-662 (année d'édition et maison d'édition non marquées)

28 Cf. MASPERO.- _Histoire ancienne_, t. I, p. 675-679 In H. LESETRE.- _Dictionnaire de la Bible_, Tome 4- Tome 5/1, pp. 640-662 (année d'édition et maison d'édition non marquées)

pacifique et eucharistique. Le **băru** devait réaliser certaines conditions pour pouvoir se présenter dans le sanctuaire de l'oracle, être « issu d'un prêtre, d'un père pur » et être « lui-même accompli dans sa forme et dans ses proportions ». Il ne pouvait exercer sa charge si ces conditions faisaient défaut, et de plus s'il était « aigu quant aux yeux », c'est-à-dire louche ou borgne ou avec un œil crevé, « brisé quant aux dents », avec une ou plusieurs dents de moins, ayant « un doigt mutilé, la chair noirâtre, des abcès, de la lèpre, un ulcère purulent », ou d'autres infirmités analogues. Il devait posséder une doctrine solide et savoir à fond ce qui était nécessaire pour ne pas commettre la moindre infraction à un rituel compliqué. Le **bru** et **l'ašipu** avaient aussi à revêtir des « vêtements purs », réservés pour leurs fonctions liturgiques[29]. Daniel déjoua la fourberie des prêtres de Bel, qui venaient enlever de nuit les offrandes du temple et prétendaient que leur dieu les avait mangées[30].

Chez les autres peuples sémites comme les Arabes nomades, la fonction de sacrificateur n'était pas réservée au prêtre ; celui-ci n'étaitqu'un **sădin**, « gardien » du sanctuaire ; il restait à son poste pendant que la tribu se déplaçait. Il rendait des oracles au moyen de flèches ou de bâtons, selon le procédé de la rhabdomancie.[31] À côté de lui opérait le devin, **kâhin**, véritable sorcier, dont le rôle n'est nullement le prototype, mais la déformation de celui de **kohên**. Chez les Arabes civilisés du sud, le **sâdin** était réellement le sacrificateur, et le grand-prêtre, **kabir**, le « grand », servait d'éponyme pour le calcul des années. Le grand prêtre araméen se nommait **komér** ; il était prêtre de tel ou tel dieu. Josias

29 Cf. ZIMMERN. - *Beiträge zur Kenntniss der babylonischen Religion*, Leipzig, 1901. Fr. Martin.- *Textes religieux assyriens et babyloniens*, Paris, 1903, p. XIV-XVII, 235 ; LAGRANGE.- *Études sur les religions sémitiques*, Paris, 1905, p. 221-246 ; DHORME.- *Textes religieux*, Paris, 1907, p. 141-147 in H. LESETRE.- *Dictionnaire de la Bible*, Tome 4- Tome 5/1, pp. 640-662(année d'édition et maison d'édition non marquées)

30 *Dan*., XIV, 1-27.

31 X, 5.

chassa les prêtres de cette espèce que ses prédécesseurs avaient établis en Juda[32]. Osée[33]signale leur présence en Samarie, et Sophonie[34]annonce leur extermination. Le temple phénicien avait ses sacrificateurs, ses résidents occupés à la liturgie, ses barbiers pour raser les chevelures consacrées à la divinité et pratiquer les incisions rituelles, ses scribes, ses hiérodules, ses portiers et ses esclaves, recevant tous un salaire[35]. À Sidon, le roi portait le titre de prêtre d'Astarthé, comme le prouve l'inscription d'un sarcophage trouvé en 1887 : « Tabnith, prêtre d'Astarthé, roi de Sidon, fils d'Eschmunazar, prêtre d'Astarthé, roi de Sidon[36]. »

Chez les Cananéens, on constate la pratique des libations, l'érection et l'onction des bétyles, celle des autels et des lieux sacrés, l'immolation des victimes et même fréquemment les sacrifices humains[37]. Toutes ses choses supposent un sacerdoce. On n'a point de renseignements sur sa hiérarchie et son fonctionnement. Mais les deux grandes divinités cananéennes, Baal et Astarthé, survécurent à la prise de possession du pays par les Israélites. Elles avaient leurs prêtres qui perpétuaient leur culte et réussirent souvent à le faire adopter par le peuple conquérant. À ce titre, les prêtres cananéens se signalent de temps en temps dans l'histoire d'Israël.

....

32 *Ezech*., XXI, 21.

33 IV *Reg*., XXIII, 5.

34 I, 4.

35 Cf. LAGRANGE. - *Études*, p. 217-221, 478-481.in H. LESETRE.- *Dictionnairede la Bible*, Tome 4- Tome 5/1, pp. 640-662 (année d'édition et maison d'édition non marquées)

36 Cf. *Revuearchéologique*, IIIe série, t. X, 1887, p. 2. in H. LESETRE.- *Dictionnaire de la Bible*, Tome 4- Tome 5/1, pp. 640-662 (année d'édition et maison d'édition non marquées).

37 Cf. VINCENT.- *Canaan*, Paris, 1907, p. 201-203. in H. LESETRE.- *Dictionnaire de la Bible*, Tome 4- Tome 5/1, pp. 640-662 (année d'édition et maison d'édition non marquées).

Chez les Gréco-Romains, les prêtres des cultes apparaissent dans les récits de l'histoire israélite et dans ceux du Nouveau Testament.

Le sacerdoce mosaïque fut institué au Sinaï, lorsque Dieu donna l'ordre à Moïse de prendre son frère Aaron et les fils de celui-ci, Nadab, Abiu,Eléazar et Ithamar, pour qu'ils devinssent prêtres à son service[38]. Il prescrivit ensuite tout ce qui concernait leurs vêtements et leur consécration[39]. Lorsque tous les objets nécessaires au culte furent préparés et que **Yhwh** eut pris possession du Tabernacle[40] Moïse procéda à la consécration d'Aaron et de ses fils[41], et huit jours après, leur fit inaugurer leurs fonctions par l'offrande des sacrifices, d'abord pour eux-mêmes, et ensuite pour le peuple[42]. Mais bientôt, une sanction sévère fut exercée contre deux des nouveaux prêtres. Nadab et Abiu apportèrent devant **Yhwh** des encensoirs contenant du feu profane, qui n'avait pas été pris sur l'autel. Ils furent immédiatement frappés de mort. Moïse défendit à Aaron et à ses deux fils survivants de prendre le deuil, et **Yhwh** leur interdit l'usage du vin et des boissons enivrantes, chaque fois qu'ils auraient à exercer leur ministère dans le Tabernacle[43]. Le châtiment si rigoureusement infligé aux deux coupables devait inculquer à tous, cette idée qu'aucune négligence n'était tolérable dans le culte de **Yhwh**. La prescription relative aux boissonsenivrantes autorise à penser que, si Nadab et Abiu s'étaient si gravement trompés, leur manque d'attention venait de quelque abus dans l'usage de ces boissons. Toute la tribu de Lévi, à laquelle appartenaient Moïse et Aaron, fut substituée aux premiers-nés pour être à **Yhwh** et se consacrer à son service[44]. Un membre de cette tribu, Coré, et deux de la tribu de Ruben,

....

38 *Exod*., XXVIII,1.

39 *Exod*., XXVIII, XXIX.

40 *Exod*., XL, 34-38.

41 *Lev*., VIII, 1-36.

42 *Lev*. IX, 1-24.

43 *Lev* ., X , 1-11.

44 *Num*., III, 45.

Dathan et Abiron, jaloux de l'autorité qu'exerçaient Moïse et Aaron, se concertèrent avec deux cent cinquante autres Israélites, prétendant que dans Israël tous étaient saints et avaient les mêmes droits à l'exercice de l'autorité et du sacerdoce. Moïse en appela au jugement de Jéhovah. Il convoqua les mécontents et leurs deux cent cinquante partisans, chacun avec un encensoir, devant le Tabernacle. Tous s'y rendirent; mais là, à la vue de tout le peuple, la terre s'entrouvrit et engloutit Coré, Dathan, Abiron et leurs familles, et un feu consuma les deux cent cinquante autres. Le peuple ayant murmuré le lendemain contre Moïse et Aaron, le Seigneur déchaîna une plaie qui fit mourir quatorze mille sept cents personnes et ne s'arrêta que quand Aaron exerça son rôle d'intercesseur, dont la légitimité fut ainsi démontrée[45]. Dieu voulut encore confirmer son choix par unnouveau miracle. Il fit déposer dans le tabernacle douze verges, au nom des douze tribus d'Israël; le lendemain, la verge d'Aaron, représentant Lévi, fut trouvée fleurie, et Dieu ordonna de la conserver en témoignage[46]. Il décida en outre que les lévites feraient le service du tabernacle, mais que seuls Aaron et ses fils rempliraient les fonctions sacerdotales à l'autel et au dedans du voile. Il ajouta : « Comme un service en pur don, je vous confère votre sacerdoce. L'étranger qui approchera sera mis à mort. »[47] À la mort d'Aaron, Eléazar fut investi du pontificat[48]. À Phinées, fils d'Eléazar, qui se montra plein de zèle contre l'idolâtrie, Dieu promit « pour lui, et pour sa postérité, après lui, l'alliance d'un sacerdoce perpétuel ».[49] Nous aurions pu poursuivre notre analyse du sacerdoce mosaïque par la présentation de la descendance d'Aaron, son entrée en fonction… etc., il nous urge d'en venir au sacerdoce chrétien[50].

……………………

45 Num., XVI, 1-50.

46 Num., VIII, 1-11.

47 Num., XVIII, 1-7.

48 Num., XX, 25-28.

49 Heb., V, 4, 5.

50 Ps. II, 7.

Jésus-Christ a été le prêtre par excellence de la loi nouvelle. Il a été appelé à cette fonction par Dieu même, qui déjà s'était réservé d'appeler,en la personne d'Aaron, les prêtres de la loi ancienne[51]. Cet appel a eu lieu quand Dieu lui a dit : « Tu es mon Fils, je t'ai engendré aujourd'hui, »[52]et encore : « Tu es prêtre pour toujours selon l'ordre de Melchisédech. »[53] Notre Seigneur n'est pas de la tribu de Lévi, mais de celle de Juda. Son sacerdoce ne se rattache donc pas à celui d'Aaron. Il est prêtre selon l'ordre de Melchisédech, c'est-à-dire à la manière de ce « roi de justice » et « roi de paix », dont l'Écriture n'indique pas la généalogie, mais auquel Abraham, père de toute la race lévitique, rend lui-même hommage et donne la dîme. Le sacerdoce de Jésus-Christ ne dérive donc pas de celui d'Aaron; il a sur lui une supériorité figurée par les devoirs qu'Abraham a rendus à Melchisédech[54]. Le sacerdoce aaronique a été établi sans serment, Dieu ne lui ayant jamais promis l'exercice perpétuel de ses fonctions; aussi les prêtres se succédaient-ils les uns aux autres parce que la mort les arrêtait. Le sacerdoce de Jésus-Christ a été établi avec serment : « Le Seigneur l'a juré, il ne s'en repentira pas : Tu es prêtre pour toujours. » De plus, il demeure éternellement et ne se transmet point, parceque celui qui le possède est toujours vivant[55]. Les prêtres lévitiques étaient sujets au péché; se souvenant de leur faiblesse, ils étaient capables de se montrer indulgents envers les autres, mais devaient nécessairement commencer par offrir des sacrifices pour eux-mêmes. Jésus-Christ est un grand-prêtre « saint, innocent, sans tache, séparé des pécheurs, élevé au-dessus des cieux ». Il n'a donc pas besoin d'offrir de victimes pour lui-même; mais il s'est offert pour les péchés du peuple et a été exaucé

51 H. LESÊTRE.- *Dictionnaire de la Bible au Supplément*, article « prêtre », col. 645 - 660.

52 *Ps*. CX (CIX), 4.

53 *Heb*., VII, 1-7.

54 *Heb*., VII, 20-25.

55 *Heb*., V, 1-9; VII, 26-28.

pour sa piété[56]. Les prêtres anciens exerçaient leur ministère dans des sanctuaires faits de main d'homme, le Tabernacle et le Temple; il y avait là un Saint des saints caché par un voile, et de multiples prescriptions charnelles auxquelles les prêtres étaient assujettis. Le ministère sacerdotal de Jésus-Christ, après avoir commencé sur terre, s'exerce maintenant « à la droite du trône de la majesté, dans les cieux », où est assis Jésus-Christ, « comme ministre du sanctuaire et du vrai tabernacle, qui a été dressé par le Seigneur, et non par un homme, » et il y est « toujours vivant pour intercéder » en faveur des hommes[57]. Les sacrifices des anciens prêtres se multipliaient indéfiniment, parce qu'ils étaient inefficaces et ne pouvaientprocurer que la pureté de la chair. Le sacrifice de Jésus-Christ est unique, parce qu'il purifie les âmes elles-mêmes, abolit le péché une fois pour toutes, a une vertu toute puissante et assure le salut éternel à ceux qui veulent en profiter[58]. Jésus-Christ a donc été revêtu d'un véritable sacerdoce, supérieur au sacerdoce lévitique par son origine, son unité, sa sainteté et son efficacité. « Tout grand-prêtre, pris d'entre les hommes, est établi pour les hommes en ce qui regarde le culte de Dieu, afin d'offrir des oblations et des sacrifices pour les péchés[59]. » Jésus-Christ n'a offert qu'un seul sacrifice « par lequel il a procuré la perfection pour toujours à ceux qui sont sanctifiés[60] ». Ce sacrifice est celui de la croix, que le sacrifice eucharistique représente et continue[61]. Les Pères appliquent à Jésus-Christ les paroles du *Psaume*[62]: « Le Seigneur t'a oint d'une huile d'allégresse. » Plusieurs penseurs ont pensé que cette onction s'était faite au jour du baptême; il est plus

....

56 *Heb*., VII, 25; VIII, 1,2; IX, 1-11.

57 *Heb*., VII, 25; VIII, 1,2; IX, 1-11.

58 *Heb*., V, 9; VII, 25;IX, 12-14.

59 *Heb*., V, 1.

60 *Heb*., X, 14

61 De CONDREN.- *Idée du sacerdoce et du sacrifice de Jésus-Christ*, Paris, 1858, p. 19-45. In H. LESETRE.- *Dictionnaire de la Bible*, Tome 4- Tome 5/1, pp. 640-662 (année d'édition et maison d'édition non marquées)

62 XLV (XLIV), 8).

exact de dire, avec d'autres que cette onction remonteau moment même de l'incarnation et que Jésus-Christ a été fait prêtre en même temps que fait homme[63].

Le sacerdoce de Jésus-Christ étant un sacerdoce éternel, qui ne se transmet pas parce que celui qui le possède est toujours vivant, il suit de là que les prêtres de la loi nouvelle ne peuvent être que les organes du prêtre éternel, mais invisible[64]. Jésus-Christ les prend où il veut, en les appelant lui-même par une vocation intérieure, contrôlée extérieurement par le jugement de l'Eglise[65]. Comme sa religion et son Eglise sont établies pour tous les peuples et pour tous les temps, il ne s'astreint pas à prendre ses prêtres dans une race spéciale; il les choisit partout. Le prophète l'avait prédit : « Le temps est venu de rassembler toutes les nations et toutes les langues...J'enverrai... vers les îles lointaines qui n'ont jamais entendu parler de moi et qui n'ont pas vu ma gloire, et ils publieront ma gloire parmi les nations... Et j'en prendrai même parmi eux pour prêtres et pour lévites, dit **Yhwh**[66]. » Ainsi devait être procuré l'accomplissement de la prophétie deMalachie[67], annonçant l'offrande de l'encens, des sacrifices et de l'oblation pure, en tous lieux parmi les nations. Jésus-Christ lui-même a institué le sacerdoce de la loi nouvelle. Il a confié à ses Apôtres le pouvoir de gouverner l'Eglise[68], de célébrer le

....

63 PETAU.- *De incarn. Verbi*, XI, IX, 3-14; XII, XI, 1-11. In H. LESETRE.- *Dictionnaire de la Bible*, Tome 4- Tome 5/1, pp. 640-662 (année d'édition et maison d'édition non marquées)

64 S. OPTAT.- *De schismate Donatist*., V, 3, 4, t. XI, col. 1051. S. AUGUSTIN.- *In Joa*., V, 17, 18, 20, t. XXXV, col. 1423 In H. LESETRE.- *Dictionnaire de la Bible*, Tome 4- Tome 5/1, pp. 640-662 (année d'édition et maison d'édition non marquées).

65 I *Tim*., V, 22.

66 *Is*., LXVI, 18-21.

67 I, 11.

68 *Matt*., XVI, 19; XVIII, 18.

sacrifice eucharistique[69], de remettre les péchés[70], d'enseigner et de baptiser[71], etc. Les Apôtres ont exercé ces pouvoirs et les ont transmis à d'autres par l'imposition des mains[72]. De très bonne heure, il eut un dédoublement du sacerdoce. Les Apôtres eux-mêmes, qui en étaient revêtus dans sa plénitude, instituèrent les diacres[73], chargés de certains ministères qu'eux-mêmes remplissaient tout d'abord. Les ministres institués par les Apôtres pour leur succéder et administrer les églises étaient indifféremment **ἐπισκόποι**, « surveillants[74]», et **πρεσβυτέροι**, « anciens ». L'ancien nom hébraïque, **kohên**, était abandonné et remplacé par des noms grecs plus intelligibles pour les convertis du monde gréco-romain. On laissait également de côté le nom grec **ἱερεύς**, que portaient les prêtres païens et que gardaient aussi lesprêtres juifs. Saint Paul disait encore de son temps aux « prêtres » d'Ephèse, **τοὺςπρεσβυτέρους** (**majores natu** dans la *Vulgate*), que Dieu les avait constitués « évêques », **ἐπισκόπους**, pour régir l'Eglise de Dieu[75]. Ces ministres gouvernaient collectivement les églises qui leur avaient été confiées par les fondateurs[76]. Mais cet ordre supérieur ne tarda pas à être dédoublé à son tour. Dès le commencement du second siècle, d'importantes églises sont gouvernées par un chef unique, qui est appelé évêque. On peut affirmer que cet épiscopat unitaire a fonctionné dès l'organisation des églises de Jérusalem, de Rome, probablement d'Antioche[77]. Le

....

69 *Luc.* XXII, 19; *I Cor.*, XI, 25.

70 *Ioa*, XX, 23.

71 *Matth.*, XXXVIII, 19, 20; *Marc.*, XVI, 15; *Luc.*, XXIV, 47.

72 I *Tim.*, IV, 14; II *Tim.*, I, 6.

73 *Act.* VI, 1-6.

74 *Phil.*, I, 1.

75 *Act.*, XX, 17, 28.

76 *Act.*, XIV, 22;XX, 17; *Tit.*, 1, 5; I *Pet.*, V, 1-5; Jacob., V, 14; *Doctr. Apost.*, XV, 1.

77 DUCHESNE.- *Hist. Ancienne de l'Eglise*, Paris, t. I, 1906, p. 84-95 In H. LESETRE.- *Dictionnaire de la Bible*, Tome 4- Tome 5/1, pp. 640-662 (année d'édition et maison d'édition non marquées).

sacerdoce chrétien se trouva ainsi, presque à l'origine, partagé en trois ordres, l'épiscopat, qui en avait la plénitude, le presbytérat, qui en exerçait presque tous les pouvoirs, mais sous l'autorité de l'évêque, et le diaconat, qui ne jouissait que de pouvoirs inférieurs et restreints[78]. Saint Paul recommande à son disciple Timothée de n'imposer trop vite les mains à personne[79]. Il faut en effet que le sujet qui désire exercer leministère sacré et ses fonctions excellentes soit examiné et éprouvé au préalable, parce que le ministre du Seigneur doit se « montrer, dans le service de Dieu, comme un homme éprouvé, un ouvrier qui n'ait point à rougir, dispensant avec droiture la parole de vérité[80]. » L'Apôtre indique donc les qualités exigées du candidat à l'épiscopat ou au sacerdoce. Il faut qu'il soit irréprochable, qu'il n'ait été marié qu'une fois; le célibat n'était pas encore requis pour le sacerdoce, que cette exigence eût alors rendu impossible à recruter, mais les secondes noces constituaient un obstacle au ministère sacré. Il doit encore être **νηφάλιος**, **sobrius**, sobre ou modéré dans ses désirs, prudent, **κόσμιος**, **ornatus**, bien ordonné (pudique ajoute la *Vulgate*) hospitalier, capable d'enseigner. Il ne doit pas être adonné au vin, ni violent, mais doux, pacifique (non querelleur, ajoute la *Vulgate*), désintéressé, gouvernant bien sa maison, maintenant ses enfants dans la soumission en toute gravité, **σεμνὸτης**, **castitas**. Car celui qui ne sait pas gouverner sa maison, serait incapable de prendre soin de l'Eglise de Dieu. Il ne faut pas non plus qu'il soit un nouveau converti, de peur que la dignité si vite obtenue ne le porte à un damnable orgueil. Il est enfin nécessairequ'il jouisse de la considération de ceux du dehors, afin de ne pas tomber dans l'opprobre et de là dans les pièges du diable[81]. Saint

....

78 *Conc. Trid.*, Sess. XXIII, can. 6,7; D.A.GREA.- *De l'Eglise et de sa divine constitution*, Paris, 1885, p. 271-306 In H. LESETRE.- *Dictionnaire de la Bible*, Tome 4- Tome 5/1, pp. 640-662 (année d'édition et maison d'édition non marquées).

79 I *Tim.*, V, 22.

80 II *Tim.*, II, 15.

81 I *Tim.*, III, 1-7.

Paul reproduit un programme analogue à l'usage de Tite. Il appelle l'évêque ou le prêtre **Θεοῦοίκονόμος**, « administrateur de la maison de Dieu », **Deidispensator.** Il veut surtout qu'il soit « fermement attaché à la doctrine, afin d'être en état d'exhorter selon la saine doctrine et de réfuter ceux qui la contredisent[82] ». L'Apôtre supplie Timothée de faire l'œuvre d'un prédicateur de l'Évangile et d'être tout entier à son ministère, **δίακονια**[83]. La même recommandation est adressée à Archippe, de Colosses[84]. Le prêtre de la loi nouvelle, comme celui de l'ancienne, a le droit de vivre de son ministère[85]. Il se peut qu'il ne soit pas toujours à son devoir. On ne doit accueillir d'accusation contre lui que sur la déposition de deux ou trois témoins. S'il est coupable, on le reprendra publiquement, afin d'inspirer de la crainte aux autres, mais on ne devra agir ni par prévention, ni par faveur[86]. Saint Jean[87], signale un certain Diotréphès qui exerçait dans une Église une orgueilleuse et intolérante autorité. Il écrit aussi aux « anges » des sept églises, c'est-à-dire à leurs chefs spirituels, pour leur rappeler leurs devoirs, les féliciter ou les blâmer, selon qu'ils le méritent[88].

Conclusion partielle

De ce premier détour, nous avons présenté notre objet : le prêtre. Nous nous situons ici sous le mode de la représentation et non de la conceptualisation. Nous avons essayé de voir le prêtre dans les cultures et nous pensons que notre exposé serait incomplet si nous ne disions pas un mot du prêtre dans nos cultures africaines. Nous serons brefs car il s'agit de conclure cette partie.

....

82 Tit., I, 6-9.

83 II Tim., IV, 5.

84 Col., IV, 17.

85 I Cor. , IX, 4-12 ; I Tm., V, 17,18.

86 Tm., V, 19-21.

87 III Joa., 9.

88 Apoc., II, I-III, 22..

Dans les cultures négro-africaines, le prêtre, c'est d'abord le gardien des traditions. Le prêtre, c'est aussi un médiateur entre les esprits des ancêtres, les génies, les divinités intermédiaires et le commun des hommes. Il est un chef investi de pouvoir occulte, un devin, un voyant thérapeute, un ministre du culte, un sorcier et un patriarche sacrificateur. Il est aussi unféticheur et un **tchèman** (le tambourinaire et son tambour)[89].

L'objet étant présenté, disons à présent un mot de notre méthode de recherche, la méthode généalogique, méthode que Nietzsche emploie pour cerner l'objet de cette recherche; nous allons l'expliciter, après que nous ayons vu le prêtre dans les textes de Nietzsche.

2. Deuxième section : le prêtre dans les textes de Nietzsche

Le prêtre est présent dans le texte nietzschéen. Nietzsche suspecte la morale par égard pour la foi dans *Humain trop humain*. Ainsi pense-t-il, aucune puissance ne peut s'affirmer, si elle n'a pour représentants que des hypocrites; l'Eglise catholique a beau posséder encore bien des éléments séculiers; sa force réside dans ces natures de prêtres. Notre auteur, en parlant des prêtres, ne manque pas d'affirmer qu' « ils se font une vie pénible et de portée profonde, et dont l'aspect et le corps miné parlent de veilles, de jeûnes, de prières ardentes, peut-être de flagellations »[90] Ces attitudes ébranlent les hommes et leur causent de l'inquiétude. Nietzsche se demande alors s'il est nécessaire de vivre de la sorte. Par ce doute que les prêtres mettent dans l'esprit des personnes, ils « ne cessent d'établir de nouveaux soutiens de leur puissance ».[91]

....

89 CENTRE D'ETUDES DES RELIGIONS AFRICAINES.- *Méditations Africaines du sacré.* Actes du 3e colloque International, Kinshasa, Faculté de Théologie Catholique, 1986.

90 NIETZSCHE (Friedrich).- *Humain trop humain* I, pour servir à l'histoire des sentiments moraux, & 55, in *Œuvres Complètes* I, (Paris, Robert Laffont/ Bouquins 1993), p. 477.

91 *Ibid.*, p. 477.

Ils sont, en outre, des êtres d'abnégation, avec un sens rude de la vérité. Ensuite, Nietzsche qualifie le prêtre de pauvre dupe qui cherche à duper. Ainsi il rappelle la malice infâme des Jésuites. En effet, pour lui, chaque Jésuite s'impose individuellement une violence, mais il pratique une vie aisée qui est prêchée dans les manuels jésuitiques. Cette vie, selon l'avis de Nietzsche, doit s'appliquer, à la société laïque et non à eux. Parmi les qualités que Nietzsche reconnaît aux prêtres, il y a les victoires sur eux-mêmes, leur infatigabilité et leur dévouement.

Dans Humain trop humain II, se poursuit la critique nietzschéenne du prêtre. Elle commence par constater que la plupart des personnes minimisent les choses qui les touchent de près. Pour Nietzsche, il s'agit d'un manque. En effet, toutes les infirmités physiques et morales des individus dérivent de ce manque : ne pas savoir ce qui est bénéfique ou nuisible dans l'arrangement de l'existence, la division de la journée, le temps et le choix des relations, dans les affaires et le loisir, le commandement et l'obéissance, les sensations de la nature et de l'art, le manger, le dormir et le réfléchir. L'ignorance de toutes ces choses amène les hommes à considérer la terre, comme une « prairie de malheur »[92]. Nietzsche pense qu'il ne s'agit pas d'un manque de raison chez les hommes. Mais cette raison est menée dans une fausse direction et elle est artificiellement détournée des petites choses et des choses proches. La critique nietzschéenne vise le prêtre qui persuade l'enfant en lui disant que ce qui est important dans la vie est « le salut de l'âme, le service de l'État, le progrès de la science, ou bien la considération et la propriété. »[93] Le prêtre, selon Nietzsche, considère que tout ce qui est vital à l'homme, est méprisable ou indifférent. Dans l'ouvrage cité auparavant, Humain trop humain, Nietzsche pousse sa critique un peu plus loin quand il affirme que si le style et l'expression générale du prêtre, n'annoncent pas

92 NIETZSCHE (Friedrich).- Humain trop humain II, le voyageur et son ombre, & 6 in Œuvres Complètes I, p. 831.

93 *Ibid.*, p. 831.

déjà l'homme religieux, il est inutile de prendre au sérieux les opinions de celui-ci sur la religion et en faveur de la religion. Le prêtre possède l'ironie, la prétention, la méchanceté, la haine et toute la versalité dans l'état d'esprit[94]. Dans un autre ouvrage de Nietzsche, _Aurore_, à la suite des brahmanes, il soutient la thèse suivante que les prêtres sont plus puissants que les dieux. Ensuite, seconde thèse, les usages constituent la puissance des prêtres[95]. Nietzsche pense qu'on ne peut se passer des prêtres et de leurs intermédiaires. Pour lui, tous les usages et toutes les coutumes, sur lesquels s'appuient les prêtres, seront détruits.

Dans _Ainsi parlait Zarathoustra_ IV, Nietzsche met en scène un prêtre de son époque, un homme grand, habillé de noir avec un visage maigre et pâle[96]. Dans le texte nietzschéen le mot « prêtre » est abandonné pour le mot « prêtraille », un péjoratif. Comment Nietzsche définit-il le prêtre, « (c'est) un magicien quelconque, qui impose les mains, un sombre faiseur de miracles par la grâce de Dieu, un onctueux diffamateur du monde. »[97]

Le _Crépuscule des Idoles_ montre les quatre grandes erreurs de l'humanité parmi lesquelles la psychologie de la volonté figure en bonne place. Cette ancienne psychologie n'existe que par le fait des prêtres[98]. Ces derniers, les prêtres ne font pas partie de ceux qui veulent rendre l'humanité meilleure. Le prêtre peut alors être appelé « l'améliorateur-type[99]. » Le prêtre, pour reprendre la critique nietzschéenne, « a perverti l'homme, l'a affaibli, - mais a revendiqué l'avantage de l'avoir rendu meilleur. »[100]. Toujours

....

94 *Ibid.*, p. 865.

95 NIETZSCHE (Friedrich).- _Aurore_, livre premier, & 96, in _ŒuvresComplètes_ I, p. 1024

96 NIETZSCHE (Friedrich).- *Ainsi Parlait _Zarathousta_* IV, (Paris, Robert Laffont/ Bouquins 1993), p. 487.

97 *Ibid.*, p. 487.

98 NIETZSCHE (Friedrich).- _Le Crépuscule des Idoles_, les quatre grandes erreurs & 7, in _Œuvres Complètes_ 2, p. 979.

99 *Ibid.*, p. 982.

100 *Ibid.*, p. 982.

dans l'ouvrage *le crépuscule des idoles*, Nietzsche flâne comme un inactuel et s'en prend au prêtre Renan, un prêtre défroqué, mais pour lui peu importe, qui « possède, tout comme un jésuite et un confesseur, sa faculté inventive dans la séduction ; sa spiritualité ne manque pas de ce large sourire bonasse de la prêtraille – comme tous les prêtres, il ne devient dangereux que lorsqu'il aime. »[101] Continuant sur Renan, Nietzsche avoue que « personne ne l'égale dans sa façon d'adorer, une façon d'adorer qui met la vie en danger[102]. »

La critique du prêtre par Nietzsche se radicalise dans *l'Antéchrist.* Le prêtre se trouve en contradiction avec tout épanouissement intellectuel. Il prend parti pour tout ce qui est idiot ; il jette l'anathème contre l'esprit, contre la **superbia** de l'esprit bien portant. Ainsi donc, « le manque complet de propreté psychologique chez le prêtre – qui se révèle dans le regard – est une suite de la décadence. »[103]Le prêtre, nous dit Nietzsche, est allergique à l'exégèse (à la philologie). Le prêtre semble toujours dire la vérité car dit Nietzsche – « la question de vrai » et du « faux » n'a pas cours dans les choses dont parlent les prêtres. Les prêtres ne permettent pas du tout le mensonge. Pour Nietzsche, « le prêtre n'est que le porte-parole de Dieu[104]. » Par la loi, la volonté de Dieu et le livre sacré, le prêtre domine les autres. En conclusion, pour Nietzsche, « le prêtre ment[105]. »

Dans *Ecce Homo*, Nietzsche fait allusion aux prêtres chrétiens comme à une « espèce sournoise de nains[106] », « comme à des êtres souterrains[107]. » Plus loin, dans le même ouvrage, faisant allusion

....

101 *Ibid.*, *le crépuscule des Idoles*, flâneries d'un inactuel, 2, in *Œuvres Complètes* 2, pp. 991-992.

102 *Ibid*, p. 992.

103 NIETZSCHE(Friedrich).- *L'Antéchrist*, &52 in *Œuvres Complètes* 2, p. 1088

104 *Ibid.*, p. 1093.

105 *Ibid.*, p. 1093.

106 NIETZSCHE (Friedrich).- *Ecce Homo* , pourquoi j'écris de si bons livres, in *Œuvres Complètes* 2, & 1, (Paris, Robert Laffont/ Bouquins 1993), p. 1154

107 *Ibid.*, p. 1154.

à la domination des prêtres, Nietzsche écrit : « Le prêtre est devenu le maître, non seulement dans les limites d'une communauté religieuse déterminée[108]. » Zarathoustra devient alors pour Nietzsche, l'extrême opposé des prêtres, ses adversaires[109].

Après cette présentation un peu générale du prêtre, par Nietzsche, entrons à présent dans quelques détails. Pour le Nietzsche de Humain trop humain, le prêtre a toujours vécu dans l'« anesthésie des maux humains[110]. » Un passage de cet ouvrage renchérit en disant : « Sans l'aide des prêtres, aucun pouvoir, maintenant encore, ne peut devenir légitime[111]. » Nietzsche reconnaît dans le prêtre, un « homme religieux[112]. » Pour Nietzsche, le peuple considère les prêtres comme des personnes sacrifiées et choisies, des personnes sacrifiées et silencieuses dans la foi comme des sages[113], alors que les prêtres sont des hommes du peuple. Par nature, les prêtres sont doux et sérieux[114]. Nietzsche ajoute, plus loin, dans le Gai savoir, que le prêtre « est une oreille sacrée, un puits du silence, une tombe pour les secrets[115]. »

Dans la deuxième partie de l'ouvrage Ainsi Parlait Zarathoustra de Nietzsche, un chapitre entier est consacré aux prêtres. Nietzsche y distingue des héros[116] qui ont beaucoup souffert et qui veulent faire souffrir les autres. Leur humilité l'horripile. Nous percevons dans ce texte toute la conception du prêtre selon

....

108 *Ibid.*, p. 1168.

109 *Ibid.*, p. 1177.

110 NIETZSCHE (Friedrich).- Humain trop humain I, III la vie religieuse in Œuvres Complètes I, & 109, p. 501.

111 NIETZSCHE (Friedrich).- Humain trop humain I, Coup d'Œil sur l'État in Œuvres Complètes I, & 472, p. 646.

112 NIETZSCHE (Friedrich).- Humain trop humain II, le voyageur et son ombre, in Œuvres Complètes I, & 79, p. 216.

113 NIETZSCHE (Friedrich). Le Gai Savoir, livre cinquième, & 351, in Œuvres complètes II, p. 216.

114 *Ibid.*, p. 216.

115 *Ibid.*, p. 228.

116 NIETZSCHE (Friedrich).- Ainsi parlait Zarathoustra II, Des prêtres, p. 352.

Nietzsche. Nietzsche écrit : « Les prêtres me font pitié. Ils me sont encore antipathiques. » ; « Ils sont des prisonniers, à mes yeux, ils portent la marque des réprouvés. Celui qu'ils appellent Sauveur les a mis aux fers. » ; « Aux fers des valeurs fausses et des paroles illusoires ! » ; « Ils appellent églises leurs cavernes aux odeurs fades. ». Dans le troisième _Zarathoustra_, Nietzsche parle de « l'absurde folie pédante des prêtres[117]. »

La _Généalogie de la morale_ rapporte un fait notoire, les prêtres sont les ennemis les plus méchants[118]. L'impuissance a fait naître en eux une haine monstrueuse, sinistre, intellectuelle et venimeuse. Les plus vindicatifs de l'histoire ont toujours été des prêtres.

Puis Nietzsche aborde la grande question du prêtre ascétique dans la _Généalogie de la Morale_. Chez lui, le prêtre ascétique s'est montré jusqu'à nos jours sous la forme le plus répugnante et la plus ténébreuse, celle de la chenille[119]. Il tire de l'idéal ascétique, non seulement sa foi, mais encore sa volonté, sa puissance, son intérêt. Son droit à la vie existe et disparaît avec cet idéal[120]. Pour Nietzsche, le prêtre ascétique, n'est pas l'homme vraiment désigné pour défendre cet idéal. Il s'inquiète de la façon dont les prêtres ascétiques évaluent la vie. Or Nietzsche rejette la vie ascétique qui oriente l'homme vers le ciel, au lieu de le tourner vers la terre. Le prêtre ascétique prospère partout dans les rangs sociaux. Il est celui qui recherche « les choses manquées, rabougries, la souffrance, le malheur, la laideur, le dommage volontaire, la mutilation, les mortifications, le sacrifice de soi… »[121]

Le prêtre ascétique est « le désir incarné d'un « être autrement », d'un « être ailleurs », il est « le suprême degré de ce désir, sa ferveur

....

117 NIETZSCHE (Friedrich).- _Ainsi parlait Zarathoustra_ III, Des trois maux, p. 433.

118 NIETZSCHE (Friedrich).- _La Généalogie de la Morale_, première dissertation, « bien et mal », « bon et mauvais », & 7, in _Œuvres Complètes_ II, p. 784.

119 _Ibid._, p. 852.

120 _Ibid._, p. 853.

121 _Ibid._, p. 854.

et sa passion véritables[122]. » Plus loin Nietzsche écrit : « Le prêtre ascétique doit être pour nous le sauveur prédestiné, le pasteur et le défenseur du troupeau malade, « il faut qu'il soit intimement affilié aux malades, aux déshérités pour pouvoir les entendre[123]. » - pour pouvoir s'entendre avec eux. Mais le prêtre est un « être fort », « plus maître de lui-même que des autres », « intact surtout dans sa volonté de puissance » ; il est alors un soutien, une résistance, un rempart, une contrainte, un instructeur, un tyran, un dieu. Défenseur du troupeau, il est le contempteur de toute santé et de toute puissance, de tout ce qui est rude, sauvage, effréné, dur et violent. Le prêtre est finalement un héraut et un porte-parole de puissances mystérieuses. C'est aussi un charmeur, un dompteur. Il est ensuite l'homme qui change la direction du ressentiment. Le prêtre ascétique, selon Nietzsche, a pris, à son service toute la meute des chiens sauvages qui hurlent dans l'homme, pour déchaîner selon le besoin, tantôt celui-ci, tantôt celui-là, dans un but unique, réveiller l'homme de sa longue tristesse, chasser du moins pour un temps, sa sourde douleur, sa misère hésitante[124]. Il pèche par excès, a des troubles intellectuels. Il est, en outre, un vieux sorcier dans la lutte contre le malaise[125]. Enfin, il est celui qui a corrompu la santé de l'âme.

Dans *le Crépuscule des Idoles*, Nietzsche soutient que tous les prêtres ont voulu ramener l'humanité à une mesure antérieure de vertu, donner un tour de vis en arrière[126]. Un peu plus loin, le prêtre est vu comme l'être le plus bas, le plus menteur et le plus indécent, un **tchândâla**[127]. Il devient dans *l'Antéchrist*, le négateur,

....

122 *Ibid.* p. 856.

123 *Ibid.*, p. 860.

124 *Ibid.*, p. 872.

125 *Ibid.*, p. 873.

126 NIETZSCHE (Friedrich).- *Crépuscule des Idoles*, flâneries d'un inactuel, 43, in *Œuvres Complètes* II, p. 1016.

127 NIETZSCHE (Friedrich).- *Crépuscule des Idoles*, flâneries d'un inactuel, 45, in Œuvres Complètes II, p. 1016.

le calomniateur[128]. Il est en plus un faux monnayeur vis-à-vis de lui-même[129]. Il a régné jusqu'ici : il a déterminé la conception du vrai et du faux. De plus, les prêtres sont une catégorie d'hommes qui aspirent à la puissance. Pour Nietzsche, chez les prêtres, la décadence n'est qu'un moyen ; ils ont un intérêt vital à rendre l'humanité malade et à renverser, dans un sens dangereux et calomniateur, la notion de « bien » et de « mal », de « vrai » et de « faux »[130]. Chez Nietzsche, le prêtre est une sorte d'homme parasite, qui ne prospère qu'aux dépens de toutes les formations saines de la vie. Il abuse du nom de Dieu et appelle « règne de Dieu » un état de choses où c'est lui qui fixe les valeurs ; de plus, il nomme « volonté de Dieu », les moyens qu'il emploie pour atteindre ou maintenir un tel état de choses. Avec un froid cynisme, il mesure les peuples, les époques, les individus, selon qu'ils ont été utiles ou qu'ils ont résisté à leur prépondérance[131]. Ainsi, pour Nietzsche, le prêtre déprécie, profane la nature : c'est à ce seul prix qu'il existe. La désobéissance envers Dieu, c'est-à-dire envers le prêtre, envers la loi, s'appelle maintenant le péché. Le prêtre rachète « seul » et vit par les péchés. Il a besoin qu'on pèche[132]. Finalement, Nietzsche avoue que l'instinct sacerdotal ne supporte plus la réalité du prêtre. En plus, Nietzsche, lui-même, ne supporte plus qu'un prêtre prononce seulement le mot de vérité[133]. Pour Nietzsche, le prêtre, lui aussi sait comme n'importe qui, qu'il n'y a plus de Dieu, plus de pécheur, plus de sauveur[134]. Plus loin dans le texte, le prêtre est décrit comme la plus dangereuse espèce

....

128 NIETZSCHE (Friedrich).- *L'Antéchrist* 8, in *Œuvres Complètes* II, p. 1045.

129 NIETZSCHE (Friedrich).- *L'Antéchrist*12, in *Œuvres Complètes* II, p. 1048.

130 NIETZSCHE (Friedrich).- *L'Antéchrist* & 24 In *Œuvres Complètes* II, p. 1059.

131 NIETZSCHE (Friedrich).- *L'Antéchrist* & 26 In *Œuvres Complètes* II, p. 1061.

132 NIETZSCHE (Friedrich).- *L'Antéchrist* & 26 In *Œuvres Complètes* II, p. 1062.

133 *Ibid.*, p. 1062.

134 *Ibid.*, & 38, in Œ. C., p. 1071.

de parasite, la véritable araignée venimeuse de la vie[135]. Par la tyrannie sacerdotale, le prêtre forme le troupeau[136].

Le prêtre ne connaît qu'un seul danger : la science[137]- la notion saine de cause et d'effet : le prêtre règne par l'invention du péché[138]. Ecce Homo parle de la domination du hasard et des prêtres.[139] Il veut précisément la dégénérescence de l'ensemble, de l'humanité[140]. La puissance de l'idéal du prêtre est une puissance énorme et un idéal nuisible par excellence, une volonté de fin, un idéal de décadence.[141]Les prêtres, en s'aidant du mensonge, sont parvenus à s'élever à la qualité d'arbitres pour la détermination des valeurs, qui ont trouvé dans la morale chrétienne un moyen pour parvenir à la puissance[142].

....

135 *Ibid.*, & 38, in Œ. C., p. 1072.

136 *Ibid.*, & 42, in Œ. C., p. 1076.

137 *Ibid.*, & 49, in Œ. C., p. 1084

138 *Ibid.*, & 49, in Œ. C., p. 1084.

139 *Ibid.*, & 49, in Œ. C., p. 1085.

140 Ecce Homo, pourquoi j'écris de si bons livres, Aurore, in Œ. C., II p. 1168.

141 Ecce Homo, pourquoi j'écris de si bons livres, Aurore, in Œ. C., II p. 1182.

142 Ecce Homo, pourquoi j'écris de si bons livres, Aurore, in Œ. C., II & 7 p. 1197.

Deuxième partie

La méthode généalogique comme méthode de recherche pour cerner l'objet « prêtre »

Premier chapitre

La méthode généalogique

La notion de généalogie recouvre une problématique développée sous ce mot essentiellement par Nietzsche. Mais s'il lui revient en effet de l'avoir thématisée et rendue célèbre, on voit apparaître le terme avant lui : signe, peut-être, que, malgré sa réputation d'originalité, Nietzsche s'inscrit dans le cadre d'une problématique qu'il poursuit et renouvelle plus qu'il ne l'inaugure.

À quels problèmes répond chez Nietzsche la question de la généalogie ? Le but de cette pensée, son orientation générale, son souci constant, c'est la recherche de « nouvelles voies pour la culture », contrepartie d'une critique de la culture dominante platonico-chrétienne. Dans cette perspective, Nietzsche met en cause les « idéaux » de cette culture, tels qu'ils se traduisent dans une morale, une science, une religion, une philosophie, des conceptions politiques dominantes pendant plus de vingt siècles : il cherche à en établir l'unité sous ces diverses manifestations et la permanence tout au long d'une histoire bimillénaire. Ainsi posée, l'analyse pourrait sembler traditionnellement platonicienne, comme recherche de l'unité et de la permanence d'une essence dissimulée et à découvrir derrière la multiplicité en devenir du sensible. La recherche d'un fondement caché, d'une nature profonde, d'une essence à l'origine de diverses manifestations apparentes, quoi de plus « platonico-chrétien », bref, de plus typique de Platon et des traditions philosophiques et religieuses qui lui ont succédé ?

Nietzsche serait paradoxal, sinon inconséquent - vieux reproche qui recouvre un délicat problème philosophique d'interprétation - s'il ne faisaitqu'emprunter un schéma platonicien pour penser, évaluer, et porter un diagnostic sur une culture (institutions, valeurs, idéaux) qu'il condamne comme profondément marquée, dans son christianisme même, par la pensée dualiste, essentialiste, intellectualiste et rationaliste que l'on a coutume d'attribuer à Platon. Si la base de son interrogation est classique, si son geste critique lui-même est caractéristique de la tradition philosophique occidentale, qu'est-ce que Nietzsche apporte de vraiment neuf à propos de la culture, des valeurs et de leur analyse ?

L'analogie apparente avec Platon manifeste d'abord, en effet, une appartenance de la généalogie nietzschéenne à une tradition bien déterminée : à travers son inspirateur direct Schopenhauer, il faut bien constater que Nietzsche prolonge et retourne le débat critique inauguré par Kant, dont Schopenhauer, par ses critiques mêmes, se voulait le simple continuateur. Plus précisément encore : la généalogie, pour autant qu'elle veut découvrir le principe caché de la morale, de la métaphysique, de la religion, voire de la science occidentale, en révéler l'origine, le sens et la valeur, s'institue recherche d'une essence et tribunal critique de type kantien en quête de conditions de possibilités, de critères, et aboutissant à un verdict. Bien plus, Nietzsche reprend à son compte une attitude kantienne qui, voulant en finir une fois pour toutes avec les erreurs et les illusions des tentatives antérieures, récusait, non seulement les philosophies précédentes en annonçant une philosophie à la fois nouvelle et définitive (la philosophie critique), mais encore les essais antérieurs de diagnostic, de genèse et de fondement de la pensée métaphysique. Nietzsche, à l'instar de Kant, combat le dogmatisme métaphysique, substituant seulement la méfiance, le « soupçon » à la « critique » et, de ce fait, la généalogie à la philosophie transcendantale. C'est de ce point de vue qu'il faut remarquer l'occurrence, chez Kant, du mot « généalogie » dans la Préface de la Première édition de la Critique de la Raison pure pour désigner - et récuser - la tentative lockéenne : celle-ci, selon Kant, cherche à établir une « physiologie de l'entendement humain » , à découvrir l'origine et le fondement, donc la valeur et la validité de nos concepts, mais échoue dans ses « prétentions », car, pour poursuivre le fil de la métaphore kantienne, la naissance de nos idées métaphysiques, cette « prétendue reine », ne peut être justifiée ni reconnue par la généalogie.

« Les divergences entre Kant et Nietzsche », selon Scarlett Marton[1], se situent au niveau de la morale particulièrement. Il écrit : « Ce n'est pas par hasard que Kant, une figure exemplaire de ce procédé est une des cibles privilégiées de la critique nietzschéenne. Il sera, d'ailleurs, ainsi jugé : ' Kant : psychologue et connaisseur de l'homme des plus bornés; se méprenant grossièrement eu égard aux grandes valeurs historiques(la Révolution française) ; fanatique de la morale *à la Rousseau* avec un fond caché de valeurs chrétiennes; foncièrement dogmatique, mais avec une lourde répugnance pour cette propension, allant jusqu'au désir de la tyranniser, mais non moins fatigué immédiatement dans le scepticisme; ni non plus effleuré du moindre souffle de goût cosmopolite ni de la beauté antique...un *retardateur* et *intermédiaire*, rien d'original[2].' »

Nietzsche poursuit ses attaques en déclarant : « Que tous les philosophes ont construit sous le charme de la morale, même Kant, - que leur dessein visait en apparence la certitude, la « vérité », mais en fait, de« *majestueux édifices moraux.* » : pour nous servir encore une fois du candide langage de Kant qui considère comme sa tâche et son travail propres, « sans beaucoup d'éclat, mais pourtant non sans mérites », « d'aplanir et d'affermir

....

1 MARTON (Scarlett).-« Nietzsche et Kant : Philosophie, Critique et Morale in file ://Aurore :\20th WCP Nietzsche et Kant Philosophie, Critique et Morale. htm, pp.1-8.

2 NIETZSCHE.- Fragment posthume (9) 4 (93) - Automne 1887. Cité dans 20th WCP :Nietzsche et Kant : Philosophie, Critique et Morale, p. 2.

le sol à l'intention de ces majestueux édifices moraux[3] » Dans *Par-delà le Bien et le Mal*, il déclare :« La raide et vertueuse tartuferie avec laquelle le vieux Kant nous entraîne dans les méandres de la dialectique, pour nous amener, ou plutôt nous égarer, jusque devant son « impératif catégorique » ce spectacle nous fait sourire[4]. » Il se peut qu'il soit un peu forcé de prétendre que l'expression « méandres de la dialectique » se rapporte précisément à la « Dialectique Transcendantale », bien que ce biais de lecture saurait concourir à notre hypothèse interprétative. Mais il y a un autre texte beaucoup plus approprié à nous confirmer. « Pour faire une place à son 'empire moral', » affirme Nietzsche, « il(Kant) se vit contraint de poser un monde indémontrable, un « au-delà » logique – c'est pour cela précisément qu'il avait besoin de sa critique de la raison pure ! En d'autres termes : *il n'en aurait pas eu besoin*, s'il n'avait existé pour lui une chose plus importante que tout : rendre le « domaine moral » invulnérable et même de préférence insaisissable à la raison[5]. » D'après Nietzsche, en cherchant à faire du « royaume moral » quelque chose d'irréfutable puisqu'incompréhensible, Kant a restauré le monde suprasensible. Et il fut sans aucun doute hypocrite[6], puisqu'il a eu recours aux plus divers stratagèmes afin de rendre la moralité invulnérable : la division de l'homme en facultés, le divorce de la théorie et de la pratique, la séparation du savoir et de la croyance. Voilà pourquoi son système se caractérise comme une, par elles, rentrent la morale et la métaphysique, que la critique avait chassées du domaine de la connaissance. Contre ce système, pèse encore

....

3 NIETZSCHE.- *Aurore*, Avant-propos, & 3.

4 NIETZSCHE.- O.C. & 5.

5 NIETZSCHE.- *Aurore*, Avant-propos, & 3.

6 NIETZSCHE (Friedrich).- *Crépuscule des Idoles*. Divagations d'un inactuel, &1 : « Impossibles(pour moi…) Kant : ou le *cant* en tant que « caractère intelligible » « ; *Par-delà le Bien et le Mal*, & 228, Nietzsche, semble-t-il, a emprunté le terme anglais à Stendhal, qu'il lisait avec passion. D'après Borowski, le premier biographe de Kant, son nom de famille s'écrivait originellement « Cant ».

une circonstance aggravante : il a cherché à légitimer la croyance en Dieu, en l'âme, en la liberté, en l'immortalité et, par ce moyen-là, il a permis à la théologie de se cacher derrière la métaphysique. Mais, dans la perspective nietzschéenne, toutes les croyances sont déjà un problème psychologique, dans le sens où elles abritent des évaluations et doivent, en tant que telles, être évaluées. Or, il faut soumettre la philosophie critique à l'examengénéalogique. Est-ce qu'elle ne consiste que dans la « confession de son auteur ? » Est-ce que Kant, comme tant d'autres, n'est que « l'avocat de ses préjugés ? » N'a-t-il pas pris « les bons sentiments comme des arguments », « la conviction comme critère de vérité ? » Après avoir été examinés les motifs qui présidèrent à la constitution de la philosophie critique et analysées les inclinations qui menèrent à l'élaboration de la doctrine morale, le verdict est prononcé : « L'instinct qui se trompe à coup sûr en tout, la contre-nature faite instinct, la *décadence* allemande faite philosophie : *voilà Kant* [7]! » Il n'est pas surprenant la manière par laquelle Nietzsche envisage la pensée kantienne. L'accusé et le juge embrassent des conceptions de la philosophie entièrement différentes et adoptent, pour traiter du problème moral, des points de départ tout à fait distincts. Ayant recours à une expression de Nietzsche lui-même, on est ici en présence d'« antipodes. » Voilà pourquoi, chez Nietzsche, les grands mots et les idéaux élevés de la morale se révéleront de trop basse extraction, voire de « naissance » ou d'« origine honteuse »(« **pudendaorigo**[8] » . On peut souligner, au passage, dans le même esprit, que Nietzsche opposera son terme de « généalogie » à celui que son rival Paul Rée employait dans le même but (Origine des sentiments moraux) afin de récuser à son tour une genèse à ses yeux trop controuvée. C'est, finalement comme continuateur de Schopenhauer que Nietzsche s'écarte de la voie critique proprement kantienne pour sa généalogie.

....

7 NIETZSCHE.- *L'Antéchrist*& 11.

8 NIETZSCHE (Friedrich).- *Aurore*, & 42, &102; *Œuvres philosophiques complètes KGW* VIII,1,2 [190].

Schopenhauer affirme que la chose en soi, en tant que réalité ultime, fondement dernier de tous les phénomènes, vérité cachée des apparences - et surtout des représentations - est la volonté, le « vouloir-vivre », c'est-à-dire le désir, les affects, ce que Nietzsche, pour sa part, appellera le « corps », dont le principe est la « volonté de puissance ».Ainsi Nietzsche, dans la généalogie, va greffer une problématique schopenhauerienne sur une question kantienne : une critique-jugement qui détermine le fondement et apprécie la valeur des idéaux en les rapportant à leur origine cachée, les affects, les pulsions, le corps, la « volonté (de puissance) », telle sera la généalogie nietzschéenne. À cela, contrairement au fixisme des « Idées » platoniciennes de la pensée schopenhauerienne,Nietzsche ajoutera l'apport de la théorie darwinienne de l'évolution, donc la considération du devenir, du changement, c'est-à-dire de l'histoire, et celle du développement, de l'apparentement, de la reproduction, c'est-à-dire de l'« histoire naturelle ».

En d'autres termes, Nietzsche va détourner la critique kantienne en l'appliquant en schopenhauerienne : à une sorte de « court-circuit » ou de « raccourci » excessif qui, comme il le reproche à Kant, fait que la raison, auto-fondatrice, se juge elle-même –« un instrument ne pouvant se juger lui-même[9]. »Nietzsche substitue un détour, la voie longue qui, de la raison, passe par le corps dont elle est l'instrument. De la sorte, la généalogie nietzschéenne n'est pas un simple prolongement-dépassement de la question critique kantienne qui engloberait les interrogations philosophiques dans un ensemble plus vaste permettant d'aller au-delà des philosophies dans la philosophie, mais c'est, par ce détour, un retournement de la philosophie sur son soi caché, qui la fait devenir elle-même et son autre, qui la déplace ou la décentre du concept, et la renvoie non plus seulement à la raison homogène, mais à l'hétérogène du « corps » En témoigne cette énigmatique phrase qui commence la _Généalogie de la morale_ : « Nous sommes pour nous des inconnus, nous autres hommes de la connaissance, nous-mêmes

....

9 NIETZSCHE (Friedrich). - _Aurore_, préface, & 3.

pour nous-mêmes : à cela il y a une bonne raison (**Grund**). » Cette phrase, derrière l'apparente tautologie amenant une contradiction paradoxale, ouvre un abîme entre la connaissance et elle-même, entre la volonté de puissance et elle-même, entre la « volonté de vérité » et son fondement réel dans la volonté de puissance des affects, entre la connaissance et le corps inconnu voulant connaître. Cet abîme est celui qui sépare la pensée d'elle-même, la philosophie d'elle-même comme son autre : la généalogie s'installe dans cet espace ouvert, inconnu, presque insondable. Après une critique kantienne invitant « la raison à entreprendre à nouveau la plus difficile de toutes ses tâches, celle de la connaissance de soi-même », la généalogie, déportant la raison et la connaissance se connaissent et se reconnaissent dans et comme leur autre.

D'où une entreprise impossible, scindée, contradictoire et abyssale qui cherche indéfiniment, interminablement à rapprocher les deux bords d'unedéchirure qu'elle produit et maintient en la réduisant, entre la raison et elle-même, entre le langage et les pulsions, entre le corps et lui-même comme « grande raison ». La généalogie, découvrant l'autre caché du même, sera forcément *hétérologie.* D'où son ambiguïté, son impossibilité, qui sont celles, radicalement, de la pensée de Nietzsche comme pensée de la culture et pensée du corps, entre pensée et corps, raison et déraison, entre « philosophie » et philosophie, entre le dernier avatar de la philosophie métaphysique et les « philosophes nouveaux » : une pensée, comme dit Nietzsche, de la tentative-tentation, du **Versuch** et de la **Versuchung**[10].

La généalogie se développe alors comme histoire (naturelle), psychologie, interprétation-philologie, évaluation. Avant de détailler ce développement, il convient toutefois de marquer d'abord comment, d'un deuxième point de vue, Nietzsche généalogiste est l'héritier d'une tradition qu'il revendique, assume et même, selon lui, prolonge : Nietzsche, comme « psychologue » d'une part, comme « évaluateur » d'autre part, est et reste, quoique innovant

....

10 NIETZSCHE (Friedrich).- *Par-delà le Bien et le mal* & 42.

par la généalogie, un « moraliste ». Entendons par là, comme lui, non pas le philosophe préoccupé d'imposer desjugements, des critères, des normes - ce « moraliste » est au contraire la cible privilégiée de ses attaques, notamment antichrétiennes - mais, au sens de la littérature française classique que Nietzsche, admire, l'écrivain penseur attaché, d'abord à caractériser, décrire et méditer les mœurs, pensées et comportements généraux et certains groupes humains (sexes, peuples, nations, métiers, religions...), ensuite à en dévoiler les ressorts psychologiques et les mœurs de ces groupes un jugement critique d'ordre évaluateur ou axiologique, pour ne pas dire moral.

La Rochefoucauld, Chamfort, mais aussi Montaigne et Pascal, les moralistes du XVIIIe siècle ou Stendhal sont, dans leurs analyses ou dans leurs sentences ou apophtegmes de portée générale, des modèles de moralistes pour Nietzsche auteur de maximes[11] et d'aphorismes, psychologue et moraliste : comme eux, il observe les femmes, les Anglais, le chrétien, le prêtre, les Juifs, etc.prétend montrer l'unité et le ressort secrets de leurs mœurs, pensées et réactions, décrit et évalue selon le contraste entre le masque et la psychologie profonde, et affectionne, dansce but, le style concis, paradoxal et spirituel des maximes, proverbes ou dictons, imités des auteurs classiques français ; et par ailleurs, de nombreux passages des aphorismes parsèment de psychologie et de généralités évaluatrices le champ de la démonstration, depuis _Humain trop humain_ jusqu'à _Crépuscule des Idoles_ (premier chapitre. « Le psychologue prend la parole » : cette formule de _Nietzsche contre Wagner_ (reprise de _Par-delà le Bien et le Mal_[12] désigne le moraliste-généalogiste Nietzsche dans une de ses

....

11 Pour Louis van Delft, aucun doute n'est possible : la maxime « qui provoque, appelle la contradiction, la riposte, les applaudissements, le commentaire même indigné, est organiquement liée à la vie de société, qu'elle nourrit et stimule. » le milieu mondain « informe » la réflexion du moraliste, la maxime serait bel et bien un art de salon. In (sous la Dir. De LAFOND (Jean).- _Moralistes du XVIIe siècle de Pibrac à Dufresny_ (Paris, Robert Laffont, 1992), p. 111.

12 NIETZSCHE (Friedrich).- _Humain trop humain_ && 36, 50 et chapitre VII.

tâches les plus caractéristiques. Cet héritage de moraliste permet d'esquisser la problématique de la généalogie.

1) - D'une part, Nietzsche : - a) en « psychologue », en « sondeur des reins et des cœurs », cherche à déceler, dans le corps, les affects, les pulsions, ce qui est à l'origine(physiologique) des idéaux de la culture ou, pour ne parler que de son objet de prédilection, symbole de la culture occidentale tout entière, de la morale. Cette généalogie psychologique démasque, révèle, dé-couvre, dé-nude. Là-dessus se greffent : b) puisqu'il s'agit ducorps, une histoire naturelle, enquête sur les origines physiologiques d'un résultat, d'une évolution, d'un devenir, inspirés des modèles du transformisme et de l'évolutionnisme ; - c) puisqu'il s'agit d'un texte énigmatique, d'un discours crypté, une philologie comme tentative de lecture, de déchiffrement et d'interprétation du sens caché de la **Zeichenrede** (langage codé), de la **Symptomatologie**, de la **Semiotik** qu'est la morale. Cette philologie est du même coup physiologie, médecine (sémiotique veut dire : science de l'interprétation des signes et du diagnostic des maladies), histoire naturelle de l'évolution, en même temps que psychologie, dévoilement des affects.

2) D'autre part, la généalogie évalue : sur la base des disciplines précédentes, elle déboute, juge ou confirme la morale dans ses prétentions, elle pèse, en regard des idéaux, la valeur, le titre, l'aloi des affects qui constituent, fondent, poussent un idéal, elle mesure leur valeur dans la signification, c'est-à-dire dans le rapport avec la « volonté », le corps, les pulsions ; elle sape enfin l'autonomie ou le caractère absolu d'une morale en y détectant et en y évaluant le besoin de dominer ou de s'humilier, la volonté de puissance forte ou faible, affirmatrice ou négatrice, la joie ou leressentiment, la haine ou la vengeance. Interpréter en psychologue, c'est évaluer selon force et faiblesse l'aloi de la volonté qui veut dans un idéal, une croyance, une conviction, un comportement, une institution. D'où la fameuse typologie fort/faible, noble/esclave, affirmatif/réactif(ou négatif) qui, en généalogie, sépare deux types de culture, comme par exemple la culture tragique grecque ou la morale de Manû, d'une part, et la morale chrétienne, le platonisme-

christianisme, l'optimisme théorique du socratisme, d'autre part. La généalogie est, pour Nietzsche, l'instrument d'une description critique, négatrice et affirmatrice, et d'une évaluation de la culture platonicienne-chrétienne, l'enjeu principal de sa philosophie. Evaluer, typer, la généalogie ne le peut qu'à condition, toutefois, d'interroger l'évidence imposante et absolue des idéaux. La généalogie, bien avant de prendre ce nom dans la *Généalogie de la Morale*, comme histoire (naturelle) et psychologie, se présente comme méfiance, soupçon[13], comme interrogation, « regard derrière »[14], voire démystification :«**μεμνησ΄απιστειν**» contre « les adorateurs du merveilleux en morale[15] ».C'est qu'il faut admettre une dissimulation, un travestissement de ce qui, découvert, constitue la « réalité » ou la « réalité » - même si ce n'est qu'une interprétation - plus fondamentale de l'idéal, de la morale, de la culture. La généalogie, qui creuse « la confiance en la morale »[16], la généalogie, travail d'un « être 'souterrain' de ceux qui forent, qui sapent, qui minent[17] », vise-t-elle, sous les « travestissements » successifs, à retrouver le fondement, le sol ultime, la base réelle des idéaux d'une culture? Ce fondement caché n'est-il pas, quoi que Nietzsche en dise, l'essence vraie du réel derrière les apparences, l'origine comme originaire? Ce soupçon d'un retour secret de Nietzsche au platonisme permet de mieux dégager la problématique et les modalités de la généalogie. Celle-ci, comme question de l'origine, se développe, ainsi qu'on l'a indiqué, comme

- histoire
- psychologie
- interprétation-philologie
- évaluation

....

13 NIETZSCHE (Friedrich).- *Aurore*, avant propos, & 1; *Généalogie de la Morale*, Avant-propos, & 6.

14 NIETZSCHE (Friedrich). - *Antéchrist*, & 47.

15 NIETZSCHE (Friedrich).- *Humain trop humain*& 136.

16 NIETZSCHE.- *Aurore*, avant-propos, & 4.

17 NIETZSCHE.- *Ibid.*, & 1.

Or ces disciplines constituent autant de schèmes pour réfléchir des problématiques du fondement, de l'interprétation et du corps engagées par la question de la généalogie, en un sens qui esquive l'accusation et le piège « métaphysique » du platonisme chez Nietzsche. En effet, le problème de l'origine - **Ursprung**, **Herkunft**, **Vorgeschichte**, - se rattache, dans la problématique généalogique, à plusieurs ordres de problématiques :

1) Elle renvoie d'abord à l'histoire ou préhistoire, au temps zéro de la naissance, aux temps premiers, au passé, à la naissance comme temps et comme origine biologique, sociale d'un individu ou d'une espèce. C'est l'affaire de ce que Nietzsche appelle « histoire des sentiments moraux[18] » ou « histoire naturelle de la morale[19] » ou « généalogie »[20] comme « histoire de la morale[21] », au sens d'une remontée vers les ancêtres, le **γενος**, « de génération en génération[22] », vers le statut sexuel, biologique, social d'un « rejeton » idéal. Mais il ne s'agit pas tant pour Nietzsche d'assigner un lieu ou un temps de naissance que de relever l'historicité, le devenir, l'évolution, sur le mode double de l'histoire et de la théorie biologique de l'évolution, de « connaître les conditions et les milieux qui ont donné naissance (aux valeurs), au sein desquels elles se sont développé et déformé »[23] : le terrain, le sol[24], mais aussi les termes indiquant le changement ainsi que les formes marquant la succession des temps (prétérit) schématisent le passage et non la localisation-assignation d'une origine temporelle ou essentielle, indiquent plutôt l'**Entwicklung** (développement) et la **Herkunft**(provenance) que l'**Ur-sprung** (originaire-fondamental). Point d'essence, de nature, de lieu propre ou de

....

18 NIETZSCHE.- _Aurore_, Avant-propos, § 4.

19 NIETZSCHE.- *Ibidem* § 1.

20 NIETZSCHE.- _Humain, trop humain_, chapitre II.

21 NIETZSCHE.- _Par-delà Bien et Mal_, chapitre V.

22 NIETZSCHE.- _La Généalogie de la morale_, Avant-propos, § 7.

23 NIETZSCHE (Friedrich).- _La généalogie de la morale_, avant-propos, & 6.

24 NIETZSCHE (Friedrich).- _K.G.W._, VIII,2, 14 (76) et _Humain trop humain_, & 99.

lettres de noblesse : un développement, une provenance[25]. La généalogie est discours sur la genèse et non sur le principe, sur la croissance de la vie, sur le sol, l'arbre, la naissance, le vivant et la mort, sur le passage, l'engendrement, l'héritage, l'atavisme, les origines, le père : ellecombat l' « égypticisme »[26], la « Raison » dans la philosophie : « Vous me demandez tout ce qui, chez les philosophes, est idiosyncrasie ? Par exemple, leur manque de sens historique, leur haine contre la seule représentation du devenir, leur égypticisme. Ils croient faire honneur à une chose en la déshabillant **sub specie aeterni** – en faisant d'elle une momie. » La généalogie est donc proprement le langage de la vie du corps. En relèvent les considérations et les métaphoriques nietzschéennes fondées sur ces schèmes : sol, famille, engendrement, histoire, devenir, vie/mort, évolution, ancêtres, noble/vil, végétation, croissance (avec, curieusement, l'absence de métaphores sexuelles). C'est l'histoire de la **φύσις** comme issue d'un **φυειν**.

2) - La généalogie est, d'autre part, dé-couverte, déchiffrement, soupçon d'un sol caché, relation de la morale comme symptôme à ce qui, dissimulé, l'engendre, « étude de la morale en tant que conséquence, symptôme, masque, tartuferie, maladie ou malentendu ; mais aussi la morale en tant que cause, remède, stimulant, entrave ou poison »[27]. Derrière les apparences, y a-t-il l'essence, la cause des idéaux de la morale ? Lagénéalogie est-elle vraiment une physiologie, une médecine des causes et des effets, de l'origine essentielle, du corps comme cause matérielle de l'idéal ? Si la généalogie se pose contre le dogmatisme idéaliste, est-ce sur la base d'une doctrine mécaniste matérialiste ?

C'est là qu'interviennent les schèmes métaphoriques de la psychologie et de l'interprétation-philologie : c'est bien le corps, les pulsions, les affects que la généalogie s'attache à manifester

....

25 Cf. M. FOUCAULT.- « Nietzsche, la généalogie, l'histoire » in *hommage à Jean Hyppolite*, (Paris, P.U.F 1971), malgré quelques flottements.

26 *Crépuscule des Idoles*

27 NIETZSCHE (Friedrich).- *La Généalogie de la morale*, Avant-propos, & 6.

et dé-couvrir (**entdecken**), mais en tant qu'ils évaluent, jugent, dénomment, imposent des appellations comme « bien » et « mal », « noble » et « vil », autrement dit pour autant, qu'ils interprètent, constituant ainsi le texte de la culture, de la morale[28]. Il est révélateur que Nietzsche, dans *la Généalogie de la morale*[29] se demande ce que « signifient (**bedeuten**) les idéaux ascétiques », parle de sens, d'interprétation, interrogation qu'il donne en exemple de l'art de l'« interprétation, interrogation qu'il donne en exemple de l'art de l'« interprétation » (**Auslegung**), de lecture élevée à la hauteur d'un art », de « commentaire ». C'est dire que la généalogie ne relie pas un texte (l'idéal) au corps (les pulsions) qu'il travestit, maisinterprète un texte comme porteur d'un sens, d'une signification affective, corporelle, physiologique cachée. Plus encore, ce « corps » doit être, non pas « vu », mais déchiffré, interprété comme un texte. La « médecine », la physiologie généalogiques sont lectures orientées vers une sémiotique (ou symptomatologie) comme science des signes de la maladie.

C'est pourquoi « pour le généalogiste de la morale la couleur cent fois plus importante(…) doit être le gris, entendons (…) tout le long texte hiéroglyphique, difficile à déchiffrer, du passé humain de la morale[30] ! » La généalogie est interprétation d'une interprétation, d'un texte comme interprétation du corps, d'un corps interprétant, à interpréter. On conçoit dès lors qu'elle soit interprétation double : physiologie et philologie, et à ce double titre méfiance, soupçon[31], mise en évidence d'une « partie honteuse »[32], d'une « **pudenda origo** » qui « dévalue la chose ainsi venue au monde »[33]. Mais surtout, à ce double titre, la généalogie est interprétation comme affrontement de l'équivoque, de l'énigme obscure des signes, de l'illisibilité : ce qu'elle cherche, ce n'est pas

....

28 NIETZSCHE.- *La Généalogie de la morale*, I, § 2.

29 NIETZSCHE.- *La Généalogie de la morale* III, & 1 & 2.

30 NIETZSCHE.- *La Généalogie de la Morale*, Avant-propos, § 7.

31 NIETZSCHE.- *Ibidem*, § 6.

32 NIETZSCHE.- *Humain, trop humain*, Fragment posthume 23 (4).

33 NIETZSCHE. - *KGW*, VIII, 1, 2 (189).

ce qui se trouvederrière les apparences, un fondement invisible caché, mais ce qui, pluralité du texte, et même en évidence, multiple les significations et rend ce texte presque illisible. Le **Trophonios** généalogique ne descend pas au souterrain pour trouver le sol de la vérité - simple inversion de la Caverne platonicienne -, mais il entre dans un « élément incompréhensible, secret, énigmatique », le texte, il ne fouille le fondement et le sol que pour le « miner »[34]. Nietzsche est bien conscient, par la philologie généalogique, d'éviter le dualisme « monde vrai » - « monde apparent »[35] : « Que signifie l'acte même d'évaluer » ?

- Réponse : l'acte d'évaluer moralement est une interprétation (**Auslegung**) une manière d'interpréter (**interpretieren**). L'interprétation à son tour est un symptôme de certains états physiologiques, ainsi que d'un certain niveau intellectuel des jugements dominants. Qui interprète ? - Nos affects »[36]. Dans un cadre moniste, l'interprétation est jeu pluriel de l'apparence et dela vérité, énigme de l'unité plurielle du texte du corps et de la morale. Nietzsche généalogiste n'est pas fondamental (**gründlich**) mais abyssal (**abgründlich** ou **untergründlich**)[37], car il mine le sol même de la vérité insaisissable, claire, évidente, essentielle. Son soupçon est « sans cesse plus radical, son examen (**Skepsis**) sans cesse plus profond[38]. Or il y a interprétation pour autant, justement, que fait défaut une essence, une vérité comme origine du sens. Interpréter, c'est lire sans pouvoir fixer l'origine, le lieu, le code, le principe du texte, c'est supposer que le sens est toujours extérieur, que le texte n'implique pas en lui son code, mais qu'il dépend, comme l'orphelin de Platon, de ce qui est en dehors de lui. Sans lieu ni origine, l'interprétation du texte est pluralité et errance.

....

34 NIETZSCHE.- *Aurore*, Avant-propos, § 1.

35 NIETZSCHE.- *Crépuscule des Idoles*, Comment le « monde vrai » a fini par devenir fable, § 6.

36 NIETZSCHE. - *K.G.W.* VIII, 1, 2 (190).

37 NIETZSCHE.- *Aurore*, § 446.

38 NIETZSCHE.- *La Généalogie de la morale*, Avant-propos, § 5.

D'où l'obscurité, le mystère, le hasard de la généalogie : la « méfiance » ne signifie pas seulement qu'il y a autre chose de caché, de suspect, de double dans la chose, mais aussi qu'elle se dédouble et se distancie comme signe et devient énigmatique, opaque, trouble, pluralité trompeuse. Le généalogiste-interprète aura donc à renvoyer du signifiantau(x) signifié(s) et à se frayer un chemin dans l'ambiguïté et l'arbitraire. En témoignent les guillemets ou italiques, la dénonciation des « appellations », des « grands mots » de la morale, les glossaires et traductions qui reviennent chaque fois que Nietzsche doit interpréter la morale, la culture. Il faut y ajouter l'énigme du « passé », de l'histoire embrouillée, de sorte que l'interprétation généalogique se trouve face à des significations plurielles et successives, ce que Nietzsche métaphorise avec les images des hiéroglyphes[39], du palimpseste, des surcharges gribouillées[40] : Ainsi l'Antiquité et l'énigme se cumulent pour s'opposer au « texte original éternel » de l'**homo natura**, lui-même, texte à retrouver et déchiffrer. L'histoire, dans la généalogie, n'est donc pas quête de l'origine, du fait premier, mais le schème de l'interprétation, moins « **Geschichte** » (histoire) que « **Vorgechichte** » (préhistoire)[41]. Les étymologies de la *Généalogie de la Morale* ne constituent point des faits mais schématisent la nécessité de retraduire point des faits pour retrouver un sens, un texte, perdus[42]. L'histoire même, comme discipline interprétant faits etdocuments, n'est qu'une métaphore de l'interprétation. Ainsi pour l'attribution aux Juifs du « commencement » du « soulèvement des esclaves dans la morale »[43] : Nietzsche pose sa généalogie, non comme un fait d'histoire événementielle, mais comme une interprétation : « Mais vous ne comprenez pas? Vous n'avez pas d'yeux pour ce qui a mis deux millénaires pour

....

39 NIETZSCHE.- *La Généalogie de la Morale*, Avant-propos, § 6.

40 NIETZSCHE.- *Par-delà Bien et Mal*, § 230.

41 NIETZSCHE.- *La Généalogie de la Morale*, Avant-propos, § 4 et *Humain trop humain*, § 45.

42 NIETZSCHE. - *Ibidem*, I, § 5.

43 NIETZSCHE.- *La Généalogie de la Morale*, I, § 7.

l'emporter ?...Rien d'étonnant : tout ce qui est durée est difficile à voir, à embrasser d'un coup d'œil[44] ». Et en effet cette interprétation délicate doit faire la généalogie d'une « haine créatrice d'idéal » engendrant paradoxalement un « amour nouveau, la plus profonde et la plus sublime de toutes les formes de l'amour. » La généalogie va d'interprétation en interprétation, découvre sans cesse de nouvelles significations. Elle est interminablement traduction, transposition[45], comme l'indiquent les guillemets, les équivalences, les formules telles que « dans mon langage »[46] , « je veux dire », « j'entends », « c'est-à-dire », « traduction allemande[47] ». Elle estretraduction (**Zurückübersetzung**)[48] dans la langue « originelle » de la réalité. « **Die Realität heißt** » : la réalité dit[49], tel est le « dernier mot » de Nietzsche généalogiste comme conflit pluriel-singulier et conflit des interprétations.

Elle se schématise ainsi selon deux axes métaphoriques fondamentaux : la médecine (histoire naturelle, sémiotique/ symptomatologie, physiologie) et la philologie (interprétation, psychologie, histoire, traduction, étymologie). Mais nous allons voir que ces deux axes, évoquant les deux « bords » que la généalogie tend à rapprocher, le corps et le texte de l'idéal, se rejoignent dans une métaphorique unique, celle de la philologie, qui veut englober celle de la physiologie comme lecture du corps. Cependant, à mesure que l'on interrogera la généalogie comme interprétation, il s'avérera que Nietzsche, pour la définir, opère un enchaînement-report de métaphores qui, de l'interprétation au corps, revient, comme par un cercle, à l'interprétation.

....

44 NIETZSCHE. - *Ibidem*, I, § 8.

45 NIETZSCHE.- Par-delà Bien et Mal, § 21 ; La Généalogie de la Morale, I, § § 9, 13, 14.

46 NIETZSCHE.- La Généalogie de la Morale, Antéchrist.

47 NIETZSCHE.- La Généalogie de la morale, Crépuscule des idoles, Ecce Homo.

48 NIETZSCHE.- Par-delà Bien et Mal, § 230.

49 NIETZSCHE.- Antéchrist § 26.

Car il faut que la généalogie, rapportant l'idéal au corps, comme discours sur l'origine de l'idéal dans le corps (de l'idéal comme manque, écart et erreur du corps), réfléchisse sur ce qu'est le corps, sur la nature et le statut de l'interprétation (idéaliste ou au contraire généalogique). Il lui faut aussi se réfléchir comme pensée du corps, ce discours dualiste et pourtant moniste où la négation et le déni menacent toujours cette pensée du Même comme Autre. Comment être généalogiste sans être dualiste ?

Telles sont les questions que tente de résoudre la généalogie comme débouchant sur une interrogation sur le corps chez Nietzsche. Il est pluralité de pulsions, de centres de puissances multiples, contradictoires, fluctuant, apparaissant et disparaissant. Mais selon quels rapports s'ordonnent-ils ? Il est remarquable que Nietzsche ne nous donne pas une explication ou une description de type mécaniste, physiologique, mais une interprétation sous forme de métaphores enchaînées s'interprétant réciproquement.

Le « corps » (**Leib**), chez Nietzsche est « grande raison » : il est pluralité de pulsions, donc ensemble psychique-somatique envisagé dansune pensée unitaire ou moniste refusant la séparation du **Geist** (esprit) et du **Körper** (corps physiologique). Pour la généalogie nietzschéenne, l'esprit (conscient) n'est que le nom de tel ou tel équilibre entre les pulsions et leurs « volontés » respectives. Ce conflit de forces pulsionnelles est d'abord présenté par Nietzsche sous la métaphore de l'assimilation, c'est-à-dire comme appropriation, incorporation, réduction de la pluralité étrangère à une unité-identité. Le corps-esprit est donc premièrement digestion, estomac assimilant, métabolisme dont l'équilibre se situe entre l'indigestion et le transit trop rapide, résultats opposés d'une voracité boulimique. Le corps-esprit est donc, comme assimilation, plutôt choix sélectif, goût difficile, maîtrise de l'absorption que vouloir impérialiste, gloutonnerie sans discernement de la puissance d'ingurgitation. Ce discernement conduit Nietzsche à présenter le corps sous une deuxième série de métaphores, celles du corps politique, « collectivité inouïe d'êtres vivants » ; « luttant ou collaborant entre elles », les pulsions se soumettent et commandent tour à tour, « choisissent » un chef, une « aristocratie régnante »selon l'image politico-psychique de « décisions » ou de « décisions » ou rapports de forces impliquant une « délimitation toujours flottante de la puissance »[50]avec « obéissance, assiduité, entraide, vigilance »[51]. Ainsi, « nous sommes une multiplicité qui s'est construite (avec la conscience) une unité imaginaire »[52]. Cette multiplicité qui choisit, gouverne et obéit, choisit, exclut, écarte, commande selon les règles - et c'est la troisième série de métaphores - relevant de l'interprétation : les pulsions sont une collectivité régnante qui offre à l'intellect conscient un choix d'expériences interprétées, égalisées, simplifiées. Or interpréter, c'est réduire la pluralité à l'unité d'un sens ou d'un ensemble de significations. Le corps, en tant qu'ensemble de pulsions s'exprimant dans une conscience, une raison, est interprétation. « Le processus organique présuppose une activité interprétative continue. »[53]

On comprend alors pourquoi Nietzsche a pu présenter la généalogie comme l'interprétation d'une interprétation, d'un texte, et non comme explication recourant à une causalité mécaniste physiologique. Mais aussi, si l'on veut éviter la tautologie redoublée d'une généalogie interprétationd'une interprétation (le corps), qu'est-ce que l'interprétation, dans la généalogie et dans le corps ?

Force est de constater que Nietzsche, par sa réponse s'enferme dans un cercle : l'interprétation n'est pas par lui définie, mais présentée...selon les métaphores de la lutte politique et surtout de la digestion : interpréter, c'est assimiler, digérer, rejeter, « ruminer »[54], pour autant qu'il s'y produit une réduction de la pluralité à l'unité et une re-pluralisation du simple. Interpréter, c'est choisir et simplifier, mais c'est aussi pluraliser, émietter, multiplier

....

50 NIETZSCHE.- KGW, VII, 40 (21).

51 NIETZSCHE.- Œuvres, éd. Kröner in 8°, t. XIII, § 394.

52 NIETZSCHE, *Ibidem*, t. XII, 1er partie, § 307.

53 NIETZSCHE.- KGW, VIII,1,2 (148).

54 NIETZSCHE.- La Généalogie de la Morale. Avant-propos, & 8

le texte, le rendre à l'errance et à l'infini des interprétations, à l'interminable... Faire de la généalogie, c'est rendre le texte (de la culture, de la morale, du monde) à son infini, voire à son indéfini, au **Versuch** (tentative, essai, expérimentation), faire « trembler les concepts »[55], prendre le large, à l'aventure : « philosophes, embarquez ! »[56].

Mais justement : on peut se demander s'il y a cercle véritable dans la « définition » de l'interprétation comme corps digérant (et en conflit) et dans celle du corps comme conflit des interprétations. Tel est le statut de lagénéalogie, comme interprétation, qu'elle ne peut que s'interpréter et non s'expliquer pour se fonder, et sur la seule base de métaphores du corps et de l'interprétation, c'est-à-dire d'interprétations du corps et de l'interprétation. La généalogie, comme interprétation du texte rapporté au corps, implique qu'il ne peut y avoir que des interprétations - comme telles, interminables - du corps et de l'interprétation.

Or c'est ce que les métaphores ont pour tâche de montrer : d'une part, elles sont, comme partielles, simplifiantes et multiples, des interprétations, d'autre part, elles s'interprètent réciproquement, en cercle, comme si justement on ne pouvait jamais aboutir, avec la généalogie, l'interprétation et le corps, à un concept défini et fini et qu'au contraire on devait, interminablement, renvoyer pluriellement de l'interprétation à la digestion, de la digestion à la lutte, de la lutte à la lecture sélective et interprétante, et ainsi à l'infini. Or précisément, interpréter, c'est supposer qu'il n'y a pas d' **αναγκηστηναι**, pas de terme, pas de fin ou de limite de l'interprétation en droit, mais un infini du texte - complexe de Pénélope !-, un report incessant du conflit, la pluralité, l'indéfini. Et la généalogie veut revenir à la vie.

Ni recherche des causes, ni médecine physiologique - et plutôt « médicynique »[57]que médicale (**medizinisch**) -, ni remontée à une

....

55 NIETZSCHE.- *Considérations intempestives*, II, & 10.

56 NIETZSCHE.- *Gai Savoir*, & 289.

57 NIETZSCHE.- *Ecce homo*, Pourquoi j'écris de si bons livres, § 5.

origine (chronologique, logique ou spatiale), ni dégagement d'un fondement essentiel, la généalogie se présente comme un mixte instable, un monisme pluriel, un jeu métaphorique et déplacé (méta-phore) de plusieurs disciplines : psychologie, physiologie, elle est psychophysiolophilologie, si l'on ose cette crase, aussi monstrueuse et disparate que l'idée même de généalogie. Mais elle est de fait, justement, de statut incertain, interminable, méta-phorique, articulée plutôt sur trois schèmes, comme nous l'avons vu, qui gouvernent toute la pensée de Nietzsche comme généalogie : l'assimilation, le conflit et le texte (comme interprétation et comme corps, renvoyant l'un à l'autre à l'infini). Or ce statut indéfini, métaphorique, mixte et incertain, sans origine, ni fondement, ni essence, ni concept, de la généalogie - nouvelle pensée critique dont l'en soi inconnaissable est le corps, et l'interprétation, le transcendantal - c'est celui de la philosophie, selon Nietzsche. Ainsi, nous venons d'expliciter le sensdu concept de « généalogie ». Nous pourrions maintenant nous demander quel est le sens de « généalogie » dans *la Généalogie de la morale*.

Deuxième chapitre

Le sens de généalogie dans *La généalogie de la morale*

Le terme « généalogie » va atteindre son vrai rang philosophique avec Nietzsche et sa *Généalogie de la morale*. C'est le paragraphe 6 de la préface *des Éléments pour la généalogie de la morale* qui offre une présentation rigoureuse du concept de généalogie. Il est remarquable tout d'abord que Nietzsche définisse ce concept à partir de deux exigences. Il est plus remarquable encore que le sens précis de la notion se dévoile à travers la hiérarchisation de ces deux exigences.

Faire une généalogie, c'est avant tout, mettre en œuvre un questionnement régressif. C'est remonter vers l'origine, ou plutôt vers les origines en tant qu'elles sont sources productrices d'une interprétation. Ce mode d'investigation se veut donc plus profond que la recherche de la cause, du principe ou du fondement. Le déplacement de l'interrogationn'est pas un simple redoublement de l'interrogation : il ne s'agit pas de chercher la cause de la cause, ou le fondement du fondement, mais bien d'abandonner l'idée-même d'une enquête sur la cause ou sur la raison. À travers les conditions d'émergence propres à une interprétation de la réalité, Nietzsche vise très précisément les pulsions qui commandent cette interprétation. La généalogie représente ainsi le contraire du dogmatisme, en cela que le dogmatisme consiste à ne pas interroger son questionnement, à faire comme si les questions allaient de soi, à admettre sans aucun recul critique une certaine valorisation. Le dogmatisme recouvre donc la pensée oublieuse de ses origines, en d'autres termes, il est la pensée qui cherche à se couper de ses conditions de constitution et d'émergence pour se présenter comme autonome et objective.

Ajoutons à ce propos une indication relative à l'une des conséquences de ce déplacement : la promotion de la démarche généalogique implique d'abandonner sans retour la problématique traditionnelle des facultés de l'esprit, qui a dominé l'histoire de la réflexion philosophique, que ce soit en un sens métaphysique, empiriste, ou même critique avec Kant. La tentative de repérer une faculté, de référer notre « volonté de vérité », parexemple, à une faculté ou à un pouvoir de l'esprit, ne pourra en aucun cas apporter de réponse à la question qui se pose désormais. Il ne s'agira ni d'être un géographe de l'esprit comme l'était Hume, ni un géomètre de la raison comme Kant prétendait l'être[1]. C'est véritablement une logique d'analyse de nature différente qui se met en place. À titre de conséquence, la réponse que *la Généalogie de la morale* apportera au problème de la moralité ne renverra pas à un sens moral inné dans l'homme, ni à une autre faculté spécifique, ni même à un certain exercice de la raison[2]. Le paragraphe 11 de *Par-delà le bien et le mal* récuse la problématique des facultés. La réponse par les facultés est une réponse qui pour Nietzsche n'explique rien. Elle ne fait que redoubler la question.

Mais nous l'avons dit, le nouveau mode de réflexion qu'introduit le paragraphe 6 de la préface est caractérisé par une double détermination : car il faut y insister, la généalogie n'est pas une version renouvelée de la recherche de l'origine, pas même des origines. Cette recherche des origines productrices d'une

....

1 KANT.- *La Critique de la raison pure* (Paris, P.U.F., 1980), p. 519. Traduction de Tremesaygues Aurore. et Pacaud B.

2 NIETZSCHE.- *Par-delà le Bien et le Mal*, & 11.

interprétation n'est pas à elle-même son proprebut ; elle n'est en effet requise que de manière à rendre possible dans un second temps le travail d'appréciation de la valeur de l'interprétation interrogée. La généalogie est inséparable d'une axiologie - ainsi que le faisait remarquer J. Beaufret, il est bon de se rappeler ici qu'au sens propre, dans le cadre d'une société aristocratique notamment, le travail généalogique ne vise pas seulement l'identification des ancêtres, mais à travers la mise au jour des origines, l'indication du degré de noblesse (ou de l'absence de noblesse) d'un individu, donc une évaluation. L'exigence nouvelle qu'évoque le paragraphe 6 de la préface, le problème fondamental que la généalogie doit assumer est bien en effet celui de la valeur des valeurs : « (...) enfin, une exigence nouvelle se fera entendre. Formulons-la, cette exigence nouvelle : nous avons besoin d'une critique des valeurs morales, il faut remettre cette bonne fois en question la validité de ces valeurs elle-même - et pour ce, il faut avoir connaissance des conditions et des circonstances dans lesquelles elles ont poussé, à la faveur desquelles elles se sont développées et déplacées (la morale comme conséquence, comme symptôme, comme masque, comme tartuferie, comme maladie, comme mé-compréhension ; mais aussi la morale comme cause, commeremède, comme stimulant, comme inhibition, comme poison), une connaissance comme il n'en a pas existé jusqu'à aujourd'hui, et comme on n'en a même pas désiré[3]. »

Il convient ici d'être extrêmement attentif au sens de ce concept de valeur, puisqu'il varie selon les occurrences intervenant dans la formule : si dans sa seconde occurrence, la valeur possède le sens technique que lui donne habituellement Nietzsche - celui d'une représentation ou plutôt d'une croyance intériorisée, assimilée, passée dans la vie du corps, exerçant désormais une fonction régulatrice de la vie humaine, et s'exprimant à travers des pulsions déterminées - en revanche la première occurrence de valeur renvoie à un sens différent, et le niveau de l'analyse change ;

3 NIETZSCHE.- *Eléments pour la Généalogie de la morale* & 6 de la préface.

la valeur des valeurs désigne, en effet, le caractère bénéfique ou nuisible d'une interprétation devenue croyance intériorisée, régulatrice, pour les vivants qui font de ces valeurs-croyances des conditions de vie. S'agissant de la morale, particulièrement de la morale ascétique, d'inspiration platonicienne et chrétienne, sur laquelle se penchera principalement *la Généalogie de la morale*, l'objectif de l'enquête nietzschéenne sera demontrer que cette morale particulière possède des origines, que ces origines ne sont pas celles que les philosophes britanniques tentent de lui assigner, et, enfin et surtout, de statuer sur la valeur de ses valeurs, c'est-à-dire de se donner les moyens d'apprécier leur incidence sur le développement de la communauté humaine qui en fait ses conditions de vie fondamentales : favorisent-elles ou inhibent-elles l'épanouissement de la vie chez ces vivants ? Possèdent-elles à très long terme une influence bénéfique ou au contraire nuisible sur les hommes qui en font leurs conditions de vie essentielles ?

La réflexion menée en termes généalogiques rejoint alors, comme on le voit, la question de l'élevage, de la **Züchtung**, c'est-à-dire des modifications induites à terme par l'incorporation de telles ou telles valeurs dans le système pulsionnel du type d'homme qui se conforme à leurs exigences. Le problème qui se pose alors, nous l'avons déjà évoqué, est celui du critère de valorisation en fonction duquel Nietzsche entend juger les valeurs-conditions de vie - sans nul doute l'un des plus difficiles que pose la théorie de la volonté de puissance, conséquence de la problématique de la valeur, qui fournit pour Nietzsche la réponse à cettequestion : la valeur d'une interprétation, morale ou autre, tient à l'intensification de puissance qu'elle induit pour le type de vivant qui l'adopte - ou encore, en termes imagés, que privilégient de manière générale les analyses de *la Généalogie de la morale*, à la santé qu'elle dispense, à la promesse d'avenir, à l'aptitude à vivre qu'elle recèle[4].

....

4 NIETZSCHE.- *Eléments pour la Généalogie de la morale* & 6 de la préface.

La Généalogie de la morale de Friedrich Nietzsche atteint le domaine des valeurs comme noyau spécifiquement humain de l'individu. La présentation de ses « pensées sur l'origine des préjugés moraux » prend chez lui la forme d'une histoire critique de la « difficilement déchiffrable écriture emblème du passé moral de l'humanité ». Ayant renoncé à trouver l'origine du bien et du mal « derrière le monde » comme le voulait la théologie, Nietzsche pose la question de savoir sous quelles conditions l'homme invente le jugement de valeur concernant le bien et le mal. Il veut savoir quelle est la valeur suprême de la morale et il la montre comme simple instinct de compassion, de négation et de renoncement à soi - bref : comme volonté contre la vie. La généalogie de la morale dénonce ainsi « le bien » de la tradition platonico-chrétienneculminant chez Schopenhauer comme étant essentiellement nihiliste. L'histoire de l'Occident, conclut Nietzsche de manière symptomatique, avec le « nouveau bouddhisme », ne veut qu'un chemin en arrière, puisqu'elle est dominée par une morale affirmant la valeur des instincts qui nient la vie. Cette morale constitue « le danger des dangers » dans la mesure où elle peut empêcher d'atteindre « la plus haute possibilité et splendeur du type homme ». « La comédie » de la vieille morale doit faire place au « drame dionysiaque » du « destin de l'âme »...

En philosophie, le terme généalogie est devenu après Nietzsche un concept désignant la recherche des origines d'un objet, d'une pensée ou d'une situation, soit dans l'intention de les légitimer en déterminant leurs causes lorsqu'elles sont appréciées, soit pour les discréditer en mettant en évidence une provenance que l'on réprouve. La philosophie contemporaine se fait ainsi héritière de toute l'histoire de ce concept. Avec Nietzsche, le concept de généalogie fait sienne surtout la fonction critique de rappeler à l'homme le fait incontournable de sa propre finitude.

Conclusion partielle

La méthode généalogique que nous venons d'exposer, en long et en large, ne nous a pas permis de voir la nocivité de l'idéal ascétique. Cet idéal, Nietzsche l'appelle « l'idéal nuisible par excellence ». La méthode généalogique pour nous peut dans certains de ses aspects sauver le vouloir du suicide nihiliste par exemple. Mais il nous faudrait aborder la question du nihilisme, pour voir et comprendre, en quoi le prêtre ascétique est un être de nuisance et en quoi il nuit à la vie.

Troisième chapitre

Qu'est-ce que le nihilisme ?

Le terme nihilisme vient du latin **nihil**, rien. Chez le sophiste Gorgias, mais la thèse sera également reprise par les sceptiques, le nihilisme renvoie à la doctrine selon laquelle rien d'absolu ne peut exister : « Gorgias de Léontium se range aussi dans la troupe de ceux qui mirent fin à l'existence du critère de la vérité. Dans son ouvrage intitulé Du non-être ou de la Nature, il établit successivement trois points fondamentaux : premièrement que rien n'existe, deuxièmement que s'il existe quelque chose, ce quelque chose ne peut être appréhendé, il ne peut être énoncé et expliqué à autrui. »[1]

En morale, le terme renvoie surtout à la problématique nietzschéenne dans laquelle le nihilisme exprime la ruine des valeurs sur lesquelles s'est construite la civilisation occidentale. Ce que Nietzsche appelle « nihilisme psychologique » manifeste d'une part le fait que le devenir de l'homme se révèle comme vide de sens et sans but (thème repris sous le titre de la Mort de Dieu), et d'autre part que le monde transcendant des valeurs n'est en fait que l'envers sublimé des propres besoins psychologiques de l'homme. En tant qu'il agit dans l'histoire, le nihilisme est donc à la fois auto-destruction de toutes les valeurs morales et religieuses,

1 SEXTUS EMPIRICUS.- Contre les logiciens, I, 65-87.

et création de nouvelles valeurs, celles du surhomme, valeurs de la volonté de puissance mise au service de la vie.

Considéré dans son acceptation politique le nom apparaît pour la première fois dans le roman de Tourgueniev, *Pères et enfants*(1862), pour désigner un courant de pensée développant, comme chez le principal deses théoriciens D. Pissarev(1840-1868), une critique très pessimiste de l'ensemble des faits sociaux et historiques. Héritier des idéalistes russes des années 1840 (N. Tchernychevski et N. Dobrolioubov entres autres), Pissarev affirme la primauté des droits de la personnalité humaine. Droits dérivés d'une nature qui pousse à la satisfaction de ses exigences les plus immédiates. Toutes les valeurs humaines doivent être redéfinies à partir de cet « égoïsme rationnel ». N'est juste que ce qui est immédiatement utile à l'individu. Les valeurs traditionnelles, qu'elles soient morales, théologiques ou esthétiques, sont donc passées au crible d'un utilitarisme qui oppose, de façon radicale, le « simple » du populaire au luxe aristocrate.

À partir de 1875, cet idéal d'autonomie morale et sociale de l'individu débouchera, pour une partie du groupe nihiliste, sur un activisme de type terroriste. Le nihilisme se confond alors avec la doctrine anarchiste de Bakounine qui passe de la critique de l'organisation sociale au principe de la destruction de toute forme d'État. La violence terroriste devient alors une fin en soi, la purification par le feu comme chez Netchaïev : « A toute vapeur, à travers la boue; détruisez le plus possible; ne résistera dans les institutions que ce qui est fondamentalement bon. »

Le nihilisme, terme emprunté à P. Bourget, désigne pour Nietzsche, la forme et le sens de la crise qui affecte la civilisation sous tous ses aspects. La « décadence » est la forme morbide que prend cette crise dans le monde moderne, forme universelle puisqu'elle finit par se confondre avec l'idée même d'humanité[2]. Mais un tel processus ne se laisse pas réduire à ses formes biologiques, ou même médicales, au sens où Nietzsche entend ce

....

2 NIETZSCHE.- *Volonté de Puissance*, II, § 29-30.

mot dans l'Avant-propos à la Généalogie de la morale. La décadence est bien une maladie qui atteint l'homme, la société et la culture, mais il ne s'agit là que de symptômes. Le diagnostic, l'interprétation des signes de la décadence, suppose la conception philosophique nietzschéenne de la vie comme « volonté de puissance », c'est-à-dire l'interprétation philosophique de l'être même de la vie, ou de l'être dans son rapport à la vie. De ce point de vue, la décadence apparaît, en un premier sens, comme un effet historique, celui de la victoire puis de la domination des « faibles » sur les « forts », des « esclaves » sur les « maîtres » de la « Judée » sur « Rome. »[3] Ces différentes déterminations relèvent plus d'une typologie que d'une quelconque approche historique ou sociologique. Elles montrent bien qu'il s'agit de comprendre avant tout la décadence comme l'effet du jeu des volontés de puissance, et donc d'un certain type de rapport à la vie, ou plus précisément aux forces qui l'agissent et l'expriment.

La décadence se résout alors en un second sens, mêlant des éléments de physiologie, de psychologie et des effets de langue[4]. Mais elle a d'abord pour origine un véritable dérèglement des instincts, une inversion catastrophique (le moment socratique dans l'histoire de la philosophie) : la pensée est devenue « active » et la vie « réactive », la pensée domine désormais la vie rabaissée, la vie doit être justifiée par l'idée. Le décadent est ainsi l'être de la raison pure, de la foi dogmatique dans la logique, l'homme de l'impératif moral. Mais le vrai artiste de la décadence est le prêtre, l'homme sacerdotal, car lui seul dispose d'une machinerie, « la folie du péché et de la croix », capable de transformer la souffrance d'une vie dissimulée, dévalorisée (le « ressentiment » et la « mauvaise conscience » en affirmation capable encore de faire surgir un nouvel ordre de valeurs, valeurs de la « réaction », celles de l'idéalité incarnées dans les idoles de la religion et de la morale[5].

....

3 NIETZSCHE La Généalogie de la morale, 1re Dissertation.

4 NIETZSCHE.- Par-delà le Bien et le Mal, Généalogie, 1re et 2e Dissertation.

5 NIETZSCHE.- La Généalogie de la morale, 2è Dissertation; Le Crépuscule des Idoles.

L'« idéal ascétique » ordonne et justifie toutes ces valeurs, il exprime l'affinité quasi ontologique des forces réactives avec le nihilisme, le rapport dynamique du nihilisme comme moteur avec les forces réactives comme mouvement d'anéantissement de la civilisation, et donc de l'homme lui-même[6].

La question des valeurs est précisément ce qui nous permet de comprendre le sens profond du nihilisme : la dévalorisation générale des valeurs. Perte de tout sens vital, de toute signification orientée non pas contre mais vers la vie, le nihilisme est l'appel irrésistible du vide. Non plus seulement la mortification chrétienne, mais plus encore le vide bouddhique, celui que le « pessimisme » de Schopenhauer donne pour seul remède possible à la souffrance.

Dans nihilisme, **nihil** signifie donc moins le non-être, la négativité absolue s'opposant à l'Être, que le néant des valeurs, le mouvement ou « réaction » par laquelle la vie prend une valeur de néant. par laquelle la vie prend une valeur de néant. À la dévitalisation de la vie répond son idéalisation, l'anéantissement de l'instinct dans des valeurs posées comme infiniment supérieures à la vie - Dieu, le Bien, le Vrai, la Pitié ou même...la Science.

Mais à cette dévalorisation de la vie dans les valeurs supérieures elles-mêmes : « Le premier sens du nihilisme trouvait son principe dans la volonté de nier comme volonté de puissance; le second sens, 'pessimisme de la faiblesse', trouve son principe dans la vie réactive toute seule et toute nue, dans les forces réactives réduites à elles-mêmes. Le premier sens est un nihilisme négatif, le second sens, un nihilisme réactif. »[7] La forme ultime, « moderne », du nihilisme est exprimée par la « mort de Dieu » (sur la « bonne nouvelle », voir <u>Zarathoustra</u> IV, et <u>Le Crépuscule des Idoles</u>). Cette célèbre formule, dérivée du thème cher aux romantiques allemands de la « mort de Dieu », énonce la vérité la plus profonde du nihilisme. La négation du Bien, du Vrai... de Dieu, c'est-à- dire

....

6 NIETZSCHE.- <u>*La Généalogie de la morale*</u>, 3e Dissertation.

7 G. DELEUZE.- <u>*Nietzsche et la philosophie*</u>, p. 170.

de toutes les formes de l'idéalité et du suprasensible, met à nu ce qui avait été masqué jusque-là par le règne de la décadence.

L'ensemble des idéaux et des valeurs morales n'avait d'autre fonction que de recouvrir le néant ouvert sous la pensée, au cœur même de l'homme, par la négation de la vie. Le nihilisme n'apparaît plus seulement comme un événement affectant le sens de l'Histoire, il n'est même plus son moteur, l'histoire de l'homme comme Histoire universelle est le nihilisme. De critique, l'analyse de l'idéalisme (religieux, moral, scientifique, politique - Généalogie, 3e Dissertation) comme cause du nihilisme moderne, ce que Nietzsche appelle « surmonter la métaphysique », doit succéder la « transmutation de toutes les valeurs » ou « transvaluation », le dépassement nécessaire et vital de l'homme dans le « surhomme » : « Tous les dieux sont morts, ce que nous voulons à présent, c'est que le Surhumain vive ; tel sera un jour, lors du Grand Midi, notre vouloir suprême[8]. »

L'histoire du nihilisme, ou Histoire tout court, trouve donc son achèvement dans ce retournement des forces réactives contre elles-mêmes. Processus qui détermine le moment de ce que Nietzsche appelle « transmutation », ou mieux, « transvaluation ». Lorsqu'une volonté de puissance affirmative entre dans le jeu des forces, puissance choisissant la vie contre le néant, volonté de créer des valeurs au lieu de s'anéantir dans le deuil impossible du Dieu mort. Dernière forme du nihilisme, celle qui annonce « les siècles à venir », et que Nietzsche va jusqu'à qualifier de nihilisme « extatique » - celui « des hommes qui auront toutes les qualités de l'âme moderne, mais qui auront la force de les transformer en santé.[9] »

Chez Heidegger, le nihilisme est l'achèvement ultime de l'oubli de l'être. Si plus rien n'est maintenu de l'être et de la vérité,

....

8 Ainsi parlait Zarathoustra, § 175.

9 Volonté de puissance, II, § 285.

l'homme se voue alors tout entier à l'étant, préparant ainsi les conditions de sa propre destruction[10].

Chez Nietzsche, le nihilisme est une grande chose qui exige qu'on la taise ou qu'on en parle avec grandeur, c'est-à-dire avec cynisme etinnocence. Cette grande chose, Nietzsche veut la raconter comme l'histoire des deux prochains siècles (XXe et XXIe siècles). C'est donc une histoire contemporaine que Nietzsche veut raconter, que cet avènement du nihilisme. Il est donc nécessaire que cette histoire soit contée. Ces prochains siècles parlent à Nietzsche par cent signes, par un destin qui s'annonce partout. Ce nihilisme est cette musique de l'avenir pour laquelle toutes les oreilles sont préparées. C'est un courant vers lequel se meut toute la civilisation européenne depuis longtemps. C'est une tension torturante qui croît de décade en décade, comme pour finir en catastrophe. Ce courant veut en finir; il ne réfléchit plus, il ne craint de réfléchir; il est inquiet, violent, précipité.

Nietzsche qui prend la parole en ce moment, n'a fait que réfléchir jusqu'à présent. Comme un philosophe et un ermite d'instinct qui trouve son avantage à vivre à l'écart, en marge de la société, dans la patience, dans la temporisation, dans la retraite. Il est un esprit qui ose et qui cherche et qui s'est une fois déjà égaré à chaque labyrinthe du futur; il est un oiseauprophète qui regarde en arrière quand il raconte ce qui viendra. Il est le premier nihiliste accompli d'Europe mais qui, en lui-même, a déjà vécu jusqu'au bout le nihilisme même, qui l'a derrière lui, au-dessous de lui, hors de lui.

Pour Nietzsche, la volonté de puissance, cet évangile de l'avenir, l'essai de transvaluation de toutes les valeurs, expression d'un contre-mouvement, eu égard au principe et à la tâche, est

10 Voir la discussion du nihilisme nietzschéen par Heidegger dans Nietzsche, Gallimard, t. II : « Le nihilisme européen »; et l'interprétation, par G. Vatimo, de cette lecture de Nietzsche par Heidegger, dans la perspective du postmodernisme : *La fin de la modernité. Nihilisme et herméneutique dans la culture postmoderne.*

un mouvement qui, dans quelque avenir, abolira ce nihilisme accompli. Elle présuppose le nihilisme, logiquement et psychologiquement. Elle ne peut absolument venir qu'après lui et de lui. L'avènement du nihilisme est dorénavant nécessaire parce que ce sont nos valeurs antérieures elles-mêmes qui tirent, en lui, leurs dernières conséquences. Cet avènement est, en outre, nécessaire parce que le nihilisme est la logique pensée, jusqu'à son terme, de nos valeurs et de nos ambitions les plus grandes. Il est, en outre, nécessaire, parce que nous devons, d'abord, passer par l'épreuve du nihilisme, pour y découvrir, par après, ce qu'était réellement la valeur de ces « valeurs ». Pour Nietzsche, nous aurons, dans quelque temps, besoin de nouvelles valeurs.

Le nihilisme se tient ainsi devant la porte. Il est l'hôte le plus sinistre. Il y a lieu de nous interroger sur son origine. Il ne vient pas de la détresse sociale, ni des dégénérescences physiologiques, ni de la corruption. L'époque de Nietzsche est la plus honnête, la plus propice à la sympathie. La détresse, la détresse spirituelle, physique, intellectuelle n'a absolument pas en soi le pouvoir de produire le nihilisme, c'est-à-dire, le refus radical de la valeur, du sens, de la désidérabilité. Ces détresses permettent encore des interprétations tout à fait différentes. Mais c'est dans une interprétation bien déterminée, celle de la morale chrétienne que se trouve le nihilisme. Ainsi, nous jugeons utile de décrire ici le nihilisme. Nous sommes dans le cadre de la représentation et non dans le champ de la pensée conceptuelle. Il y aura beaucoup de répétitions du terme « nihilisme » et cela ne veut pas dire que nous sommes, à court d'arguments, bien au contraire.

3. Troisième section : Le nihilisme comme conséquence de l'interprétation de la valeur de l'existence jusqu'à nos jours

Le nihilisme signifie que les valeurs supérieures se dévaluent. Mais, il manque le but; il manque la réponse à la question « pourquoi ? ». Le nihilisme radical est la conviction du caractère absolument intenable del'existence, s'il s'agit des valeurs supérieures reconnues. Dans le nihilisme, l'homme n'a pas le moindre droit de poser un au-delà ou un en-soi des choses qui serait le divin, la morale incarnée. Cela est une suite de la véracité élevée et même une suite de la foi dans la morale.

4. Quatrième section : le déclin de la morale chrétienne

La morale chrétienne est, aux dires de Nietzsche, « le premier nihilisme[11] ». Il faut, selon ses dires, abolir, nier, dissoudre cette morale. Cette morale est l'instinct le plus détesté. En effet, l'homme n'a plus besoin d'un remède contre cette morale, car la vie n'est plus tellement incertaine, hasardeuse, absurde en Europe. Le nihilisme, chez Nietzsche, s'oppose radicalement à la morale chrétienne. Nietzsche dit que la morale chrétienne a prêté « à l'homme une valeur absolue, en contraste avec sa petitesse et sa contingence dans le courant du devenir et de la disparition[12]. » Il s'agit d'une véritable surenchère de la valeur de l'homme et de la valeur du mal. Cette surenchère n'est plus nécessaire. La morale chrétienne sert de défenseur à Dieu et devenant cette théodicée qui laisse au monde, malgré la souffrance et le mal, le caractère de perfection, y compris cette liberté.La morale chrétienne met dans l'homme le savoir des valeurs absolues et lui donne ainsi la connaissance adéquate de l'essentiel. Elle empêche que l'homme ne se méprisât comme homme, qu'il ne prenne parti contre la vie, qu'il ne désespère. Elle est un moyen de subsistance. En somme, la morale chrétienne est le grand remède contre le nihilisme pratique et théorique. La morale chrétienne développe une force qui est la véracité. Il y a le sens de la véracité, hautement développé par le christianisme. Cette véracité se tourne finalement contre la morale, découvre sa téléologie, son point de vue intéressé et maintenant agit, tout comme un stimulant. La véracité est « ce long mensonge incarné que l'on désespère d'extraire de soi[13]. ». Nietzsche éprouve du dégoût devant la fausseté et le caractère

....

11 NIETZSCHE.- Le nihilisme européen (Paris, U.G.E., 1976), p. 154.

12 NIETZSCHE.- *Ibidem*, p. 153.

13 NIETZSCHE.- *Ibidem* cité, p. 154.

mensonger de toutes les interprétations chrétiennes du monde et de l'histoire. Il s'agit du contrecoup du « Dieu est vérité », sur la croyance fanatique du « Tout est faux ». C'est le bouddhisme de l'action[14]. La morale chrétienne croit en Dieu et en un ordre essentiellement moral de l'univers. Cette interprétation était l'interprétation unique. La morale chrétienne a protégé la vie du désespoir et du saut dans le néant chez des hommes et des classesqui furent brutalisés et opprimés par d'autres hommes. Or, c'est l'impuissance devant les hommes, non pas l'impuissance devant la nature qui engendre l'amertume la plus désespérée face à l'existence. La morale chrétienne a traité comme des ennemis les plus puissants, les violents et les maîtres. Pour elle, ce sont de telles personnes contre lesquelles l'homme du commun doit être protégé, c'est-à-dire d'abord encouragé, fortifié. La morale a par conséquent enseigné à haïr et à mépriser du plus profond de l'âme ce qui constitue le trait caractéristique fondamental des dominants : leur volonté de puissance. Dans la morale chrétienne, le souffrant ou l'opprimé, a le droit de mépriser la volonté de puissance. Sa haine et son mépris sont aussi volonté de puissance. S'il ne le fait pas, il entre dans un état de désespérance irrémédiable. Mais cela est faux car la volonté de puissance est essentielle à la vie et elle est déguisée dans la volonté de morale. La morale chrétienne attribue aux déshérités une valeur infinie. Elle enseigne la résignation et l'humilité. Cette morale contient la consolation des déshérités. Elle est un vrai suicide, car elle autovivifie, intoxique, enivre, et fait rêver. Elle attire sur elle l'inimitié haineuse des puissants. La morale chrétienne contient l'instinct de l'autodestruction, de lavolonté du néant. Dieu, la morale, la résignation sont des remèdes à une très profonde misère. Le déshérité est à comprendre avant tout physiologiquement, non pas au sens politique. Il est le type humain le plus malsain en Europe (dans toutes les classes). Il ressent la croyance dans l'Éternel Retour comme une malédiction qui, si elle atteint, ne fait plus hésiter devant aucun acte. Pour lui,

14 NIETZSCHE.- *Ibidem*, p.168.

l'Éternel Retour fait que tout s'éteint, tout ce qui est à ce point dénué de sens et de but. Chez Nietzsche, cette attitude est une convulsion, une fureur aveugle dans l'évidence que tout existe de toute éternité.

5. Cinquième section : la morale nietzschéenne

Le pessimisme est la première forme du nihilisme. Il ne s'agit pas du pessimisme comme force dans l'énergie de sa logique ou du pessimisme comme anarchisme ou du nihilisme comme analytique. Il ne s'agit pas du pessimisme comme déclin, comme ramollissement, comme cosmopolitisme touche-à-tout, comme tout comprendre et comme historisme. Le pessimisme engendre une tension critique : les extrêmes viennent au jour et l'emportent. La logique du pessimisme est d'aller jusqu'au dernier nihilisme. Là, la force qui opère est l'absence de valeur,d'absurdité. Ainsi les évaluations morales se cachent derrière toutes les hautes valeurs d'autrefois et cela donne comme résultat que les jugements de valeurs de la morale sont des condamnations, des dénégations. La morale devient alors le détournement de la volonté d'existence. Le nihilisme est un scepticisme à l'endroit de la morale qui décide. Il sanctionne le déclin de l'interprétation morale du monde qui n'a plus de sanction, après qu'elle eut tenté de fuir dans un au-delà. Dans le nihilisme nietzschéen, le mal apparaît riche de sens. Le nihilisme est méfiant envers toute possibilité de « sens » du mal ou de l'existence. Ce nihilisme interprète cette morale chrétienne et découvre en l'homme des besoins de mensonge.

Ici, la valeur semble dépendre des besoins de mensonge et permet à l'homme de supporter de vivre. Le nihilisme engendre un antagonisme que Nietzsche reconnaît « ne pas estimer » et qu'il aimerait être persuadé de « ne plus devoir estimer[15]. »Cet antagonisme aboutit à une dissolution. Telle est l'antinomie : tant que l'homme croit à la morale, il condamne l'existence. Le nihilisme nietzschéen supporte une notable diminution de la

....

15 NIETZSCHE.- *Ibidem*, p.154.

valeur chrétienne. Elle admet beaucoup d'absurdité et de hasard. L'hommenihiliste acquiert de la puissance qui lui permet un allégement des moyens de sélection. La volonté de puissance chez le nihiliste est interprétation. Elle permet de dire que « Dieu » est une hypothèse.

Dans le nihilisme nietzschéen, « les positions extrêmes ne sont pas abandonnées pour des positions moyennes, mais pour des positions extrêmes de nouveau, cependant des positions inverses[16]. » Les valeurs et les variations sont fonction du progrès de la puissance de celui qui pose les valeurs. Le nihilisme croit à l'absolue immoralité de la nature, à l'absence de sens et de fin du sentiment psychologiquement nécessaire. Le nihilisme admet qu'il n'y a plus de sens dans l'existence, que tout est vain. Il faut distinguer le nihilisme de cette philosophie qui dit que plus rien n'a de sens. Cette philosophie est impraticable.

Nietzsche soutient que c'est l'ancien nihilisme qui admet que tout est vain. Pour lui, il faut se méfier de cette ancienne évaluation. Cette méfiance se poursuit jusqu'à se poser la question si « toutes les valeurs sont des leurres grâce auxquels la comédie tire en longueur sans aboutir à une solution[17]. » Les valeurs supérieures au service desquelles l'homme devait vivre, surtout quand elles disposaient de lui au prix de lourdes peines : ces valeurs sociales, on les a, en vue de leur amplification, érigées au-dessus de l'homme, comme si elles étaient les commandements de Dieu, en tant que la réalité, en tant que le monde vrai, en tant qu'espoir et avenir du monde. Maintenant que l'origine mesquine de ces valeurs se montre clairement, tout nous paraît dévalué, absurde, mais ce n'est qu'un état intermédiaire. Et, chez Nietzsche, la durée, nantie du « tout est vain » dénuée de but, est la pensée la plus paralysante qui soit. Dans le nihilisme, l'homme « a conscience d'être dupé et sans la force de ne pas se laisser duper[18]. » Le nihilisme est

....

16 NIETZSCHE.- *Ibidem*, p.155.

17 NIETZSCHE.- *Ibidem*, p.155.

18 NIETZSCHE.- *Ibidem*, p. 156.

une force immense qui éveille le soupçon de fausseté sur toutes les interprétations du monde. Il est un courant bouddhiste et a la nostalgie du néant. Le bouddhisme, selon Nietzsche, n'a pas derrière lui un développement à fondement moral, c'est pourquoi il n'y a dans son nihilisme qu'une morale insurmontée : l'existence comme punition, l'existence combinée comme erreur, l'erreur comme punition, uneévaluation morale. Le nihilisme est cette pensée redoutable que l'existence est sans but et sans sens, mais elle revient inéluctablement, sans un final dans le néant. La forme la plus extrême du nihilisme est l'éternel retour, le néant, l'absurde éternel.

Le nihilisme est la forme européenne du bouddhisme, l'énergie du savoir et de la force contrainte à une pareille croyance. Il est la plus scientifique de toutes les hypothèses possibles. Dans le nihilisme, l'homme nie les causes finales car si l'existence en avait une, elle l'aurait atteinte. Le nihilisme est le contraire du panthéisme car le tout est parfait, divin, éternel » exige également la croyance dans le retour éternel. Le nihilisme abolit le Dieu moral, le Dieu « par-delà le bien et le mal ». Il se situe plus loin que les tentatives philosophiques comme celles de Hegel et du panthéisme pour dépasser le Dieu moral. Il se situe aussi au-delà des idéaux populaires comme ceux du sage, du saint et du poète. Dans le nihilisme, il y a un antagonisme entre le vrai, le beau et le bon. Il supprime du processus l'idée d'une fin et affirme tout de même le processus si à l'intérieur de ce processus quelque chose est atteint et toujours la même chose. Lenihilisme spinoziste obtient une telle disposition en affirmant que chaque moment a une nécessité logique propre. Il triomphe grâce à son instinct logique radical sur un monde construit de la sorte. Mais son cas est un cas particulier. Car ajoute Nietzsche, « tout trait caractéristique fondamental qui se tiendrait au fond de tout événement, et qui s'exprimerait dans tout événement, s'il devait être ressenti par un individu comme son trait fondamental, devrait le pousser en tant qu'individu à approuver triomphalement ce que l'on ressent ce trait caractéristique fondamental comme étant bon, estimable et agréable[19]. »

Le nihilisme nietzschéen est un sentiment et un jugement de valeur inverses à la morale chrétienne. Il est contre l'absurdité d'une part et contre les jugements de valeur de la morale d'autre part. Il essaie de savoir à quel point toute science et toute philosophie se tiennent sous la dépendance des jugements moraux. Il ne conçoit pas la haine de la science ou l'antiscientificité. Il critique le spinozisme car les jugements moraux chrétiens sont en résidus partout dans les systèmes socialistes etpositivistes. Il est une critique de la morale chrétienne. Les sciences de la nature actuelle ont des conséquences nihilistes et des tentatives de s'échapper dans le présent. De leur activité, il s'ensuit une autodissolution, un retour contre soi, une antiscientificité.

Depuis Copernic, l'homme roule hors du centre vers l'x. Les conséquences nihilistes (la croyance à l'absence de valeur) comme suite de l'évaluation morale sont le dégoût de ce qui est égoïste (même après l'évidence de l'impossibilité du non-égoïste). L'homme est dégoûté du nécessaire (même après l'évidence de l'impossibilité d'un libre arbitre et d'une liberté intelligible). L'homme n'atteint pas la sphère dans laquelle il a posé ses valeurs et l'autre sphère dans laquelle il vit, il n'y a nullement gagné en valeur : au contraire, l'homme est fatigué parce qu'il a perdu son mobile fondamental.

Les modes de pensée politiques et économiques ont des conséquences nihilistes et leurs principes relèvent peu à peu de la comédie. Leurs principes sont le souffle de la médiocrité, de la misère et de la fausseté. Les conséquences nihilistes peuvent être le nationalisme et l'anarchisme,mais aussi la punition. Il manque la condition rédemptrice, le Rédempteur et le justificateur. Les conséquences nihilistes de l'histoire et des historiens de la praxis, c'est-à-dire des romantiques sont le manque absolu d'originalité de l'art dans le monde moderne et son assombrissement, mais

....

19 NIETZSCHE.- *Ibidem*, p. 157-158.

aussi l'esprit faussement olympien de Goethe. La préparation du nihilisme dans l'art réside dans le romantisme. Elle se conclut dans les *Nibelungen* de Wagner. Dans le nihilisme nietzschéen, l'opprimé prend conscience qu'il n'est pas placé sur le même terrain que l'oppresseur, et qu'il jouit de tous les privilèges, de toutes les supériorités par rapport à celui-ci. Il n'y a rien dans la vie qui n'ait de valeur en dehors du degré de la puissance, en supposant précisément que la vie elle-même soit volonté de puissance. Le nihilisme nietzschéen fait disparaître la croyance en la morale chrétienne et avec elle, tous les déshérités. Les déshérités n'y ont plus de consolation. Ils sont libérés de toute morale et n'ont plus aucune raison de se résigner. Ils veulent de leur côté la puissance en tant qu'ils obligent les puissants à être leurs bourreaux.

Nietzsche critique encore ce nihilisme, en le considérant comme « la forme européenne du bouddhisme, le faire négatif après que l'existence eut perdu son sens[20]. » Le nihilisme actif considère la morale comme dépassée. Il a ainsi un niveau très avancé de la culture. Cette culture suppose à son tour un bien-être relatif. Ce nihilisme est caractérisé, en outre par « une certaine fatigue intellectuelle, portée durant le long combat des doctrines philosophiques jusqu'au scepticisme désespéré à l'endroit de la philosophie[21]. »La théorie de l'Éternel Retour y a des présupposés scientifiques. Elle est purificatrice et donne le branle-bas à la hiérarchie des forces, du point de vue de la santé. Elle enseigne la morale de la force. Le fort peut se définir comme le plus modéré, celui qui n'a pas besoin de croyances extrêmes, celui qui non seulement accepte mais aime une bonne part de hasard, d'absurdité. Le fort est en outre, celui qui est capable d'avoir une pensée de l'homme fortement réductrice de sa valeur sans pour autant en être amoindri, ni affaibli. Il est celui qui est plus riche en santé, qui est de force à se mesurer à plus de malheur et ne craint pas pour cette raison tellement le malheur. Il est un homme qui

....

20 NIETZSCHE. - *Ibidem*, p. 160.

21 NIETZSCHE. - *Ibidem*, p. 161.

est sûr de sa puissance et qui représente avec une fierté la force que l'homme a atteinte.Il pense à l'Éternel Retour. Comment le fait-il ? Telle la question finale qui termine cette partie du livre.

6. Sixième section : le nihilisme comme chute des valeurs cosmologiques

Selon Nietzsche, le nihilisme, en tant qu'état psychologique doit survenir, premièrement quant à tout événement l'homme a cherché un sens qui n'y est pas : si bien que le chercheur perd finalement courage. Il est alors la prise de conscience d'un long gaspillage de force, le tourment de l'inutilité de tout, c'est l'incertitude, le manque d'occasion de se rétablir d'une manière ou d'une autre, de se consoler encore de quoi que ce soit, la honte de soi-même, comme si l'on s'était fait trop longtemps illusion. En cela Nietzsche critique Hegel pour qui, l'accomplissement d'un canon moral supérieur dans tout événement, l'ordre moral universel est ce sens du nihilisme,ou encore l'accroissement d'amour et d'harmonie dans les relations des êtres, ou bien l'approche d'un état de bonheur général. Un but est toujours un sens.

Le nihilisme en tant qu'état psychologique survient, en second lieu, quand on a posé une totalité, une systématisation, même une organisation dans tout événement et au fondement de tout événement.

En tant qu'état psychologique, il prend encore une troisième et dernière forme. Etant donné ces deux évidences, à savoir que rien ne doit être visé dans le devenir et que sous tout devenir ne gouverne aucune grande unité dans laquelle l'individu puisse pleinement baigner comme dans un élément de valeur suprême; il ne reste plus que l'échappatoire de condamner le monde tout entier du devenir en tant qu'illusion et d'inventer comme monde vrai un monde se tenant au-delà de celui-là. La dernière forme du nihilisme renferme en soi l'incrédulité à l'endroit d'un monde métaphysique, laquelle s'interdit la croyance à un monde vrai. De ce point de vue on accepte la réalité du devenir comme unique réalité, on s'interdit tout chemin détourné, quel qu'il soit, dans la direction des arrière-mondes et des fausses divinités et l'on ne supporte pas ce monde que l'on ne veut cependant pas désavouer. Le sentiment de l'absence de valeur a été atteint lorsqu'on a compris que le caractère global de l'existence ne devait être interprété ni avec le concept de finalité, ni avec le concept d'unité, ni avec le concept de vérité. Par là, on ne vise ni n'atteint rien. Le caractère de l'existence n'est pas d'être vrai mais faux. On n'a de toute façon plus de raison de se persuader de l'existence d'un monde vrai. Les catégories de finalité,d'unité, d'être avec lesquelles l'homme a établi une valeur du monde, se détachent de lui et dès lors le monde apparaît sans valeur. La croyance dans les catégories de la raison est la cause du nihilisme. Toutes les valeurs avec lesquelles l'homme a essayé de se rendre le monde avant tout estimable et avec lesquelles il l'a finalement dévalué lorsqu'elles se sont démontrées inapplicables, toutes ces valeurs sont, compte tenu de la psychologie, les résultats de perspectives déterminées sur ce qui est utile au maintien et à l'accroissement des différentes formes de la domination humaine. Telle est la naïveté hyperbolique qu'a l'homme de se poser lui-même comme sens et mesure de la valeur des choses.

Le nihilisme représente un stade pathologique intermédiaire. Pathologique est la généralisation abusive, la conclusion est l'absence de sens. Il n'y a pas de vérité. Il n'y a pas de constitution absolue des choses, pas de chose en soi. Cela n'est que nihilisme, et à vrai dire sa forme extrême. La forme extrême du nihilisme serait que toute croyance, tout tenir-pour-vrai soit nécessairement faux, parce qu'il n'y a aucun monde vrai. La forme extrême du nihilisme est que c'est la mesure de notre force de pouvoir nous avouer le caractère spécieux et la nécessité du mensongesans nous perdre. Dans cette limite, en tant que la contestation d'un monde véridique, d'un être, pourrait être un mode de pensée divin.

7. Septième section : le mouvement nihiliste comme expression de la décadence

Le mouvement nihiliste n'est que l'expression d'une décadence physiologique. Il n'est pas une cause, mais seulement la logique de la décadence. Le bon et le mauvais ne sont que deux types de la décadence : ils sont liés l'un à l'autre dans tous les phénomènes fondamentaux. Le faible se nuit à lui-même. C'est le type de la décadence. L'homme bon est une forme d'auto-affirmation de la décadence. Il nous reste à présent à voir le nihilisme de *la Généalogie de la morale*.

8. Huitième section : le nihilisme de la généalogie de la morale

Le problème fondamental de la généalogie est celui d'une histoire de la pratique et du sens posant les problèmes de la provenance que les décadents ne souffrent pas. Le sol pratique originaire qui a donné naissance, par exemple, à la justice et au châtiment, c'est la véritable histoire de la morale qu'exhume la généalogie : soit dans la première dissertation de *la Généalogie de la morale*, « la double préhistoire » dubien et du mal, reprenant l'aphorisme de *Humain, trop humain I* sur la double origine du bien et du mal dans la caste dominante et chez les opprimés, ainsi que l'aphorisme 260 de *Par-delà le bien et le mal*. Soit, dans la deuxième dissertation, l'exhumation des pratiques socio-économiques comme le sol originaire des notions de faute et de châtiment, de responsabilité et de culpabilité : la référence pratique étant la relation créancier-débiteur. Les premières traces de ces recherches se retrouvent dans *Humain, trop humain* I, 96 : « La manière dont la tradition a pris naissance est ici chose différente; elle l'a fait, en tout cas, sans référence au bien et au mal, ou à quelque impératif catégorique immanent, en visant tout à la conservation d'une communauté, d'un peuple; tout usage superstitieux, né d'un accident mal interprété, finit par imposer une tradition qu'il est moral de suivre. » Ces mœurs anciennes nous sont donc étrangères, nous ne pouvons les penser sans détours, sans distanciation par rapport à nous-mêmes : elles ne dépendent pas de notre interprétation; comme l'écrit Nietzsche, dans Humain, trop humain : « Un terrain ne peut être préparé à la moralité, que du moment où une grande personnalité ou une personnalité collective, par exemple, la société, l'État, soumet les individus, c'est-à-dire, les arrache, à leur isolement, et les organise en association. La moralité ne vient qu'après la contrainte, elle-même reste encore un certain temps, contrainte, et l'on s'y plie pour éviter le déplaisir. Plus tard, elle devient coutume, plus tard encore, libre obéissance, enfin quasiment instinct : alors, comme tous les comportements naturels, et depuis longtemps habituels, elle est liée au plaisir - et porte désormais le nom de vertu[22]. » Ainsi la morale de la pitié apparue avec Schopenhauer est-elle pour Nietzsche l'achèvement d'un long déroulement, l'achèvement de la morale ascétique dans le nihilisme qui a mis Nietzsche sur la voie de la troisième dissertation de la Généalogie de la morale. Cette petite sortie sur le nihilisme, nous amène à la problématique de cette partie : comment le prêtre est l'être nuisible par excellence ?

9. Neuvième section : comment le pretre est l'homme nuisible par excellence ?

Détachée de l'expérience libératrice de sa vocation, la théologie ultérieure de St Paul a pu prendre une forme sur laquelle on pouvait fonder un nouveau système de contraintes et d'exigences, ce qui fut effectivementle cas, comme le prouve K. Deschner[23] à propos de l'histoire de l'Eglise. Au plan de l'efficacité, il porte le jugement suivant sur Paul : « maître de l'intolérance, archétype du prosélytisme de masse, habile manœuvrier qui sait profiter de la situation ou qui s'impose brutalement; génial pionnier d'un style qui fait école dans la grande Eglise. »

C'est pourquoi d'ailleurs, et non sans quelque raison, Friedrich Nietzsche en particulier a voulu y voir le modèle même de la façon

....

22 NIETZSCHE.- *Ibidem*, p. 82.

23 DESCHNER.- Kriminalgeschichte des Christentums I, (Hambourg, 1986), p. 124.

dont le prêtre peut pervertir et dénaturer la vie en faisant de son désir de mort et de sa conscience aiguë du péché des moyens de satisfaire un instinct dépravé de puissance. Voici ce qu'il écrit dans *L'Antéchrist* : « En Paul, c'était encore le prêtre qui aspirait au pouvoir – tout ce qu'il lui fallait, c'étaient des idées, des enseignements, des symboles, grâce auxquels il pût tyranniser les masses, former des troupeaux[24]». En vérité, l'œuvre et la vie de Paul étaient tous à l'opposé des angoisses masochistes du péché ; il visait à libérer de la pratique mortifère de la loi. Cela n'avait rien à voir avec la façon dont on s'est mis à inculquer aux gens des sentiments deculpabilité, les rendant tributaires de prêtres dont le pardon se substituait à la miséricorde divine. Et c'est en se réclamant de lui que, réagissant contre une domination sacerdotale qu'il jugeait outrageusement indécente, Martin Luther redécouvrit la relation directe de chacun de nous avec son Dieu[25].

Le prêtre dénature également la vie par la façon dont il abdique devant la réalité. Ici également, personne mieux que Nietzsche, n'a su diagnostiquer les effets psychologiques de cette abdication par le clerc de sa réalité personnelle au profit de l'organisation du surnaturel. Il nous faut suivre une à une les critiques qu'il adresse aux prêtres, aux clercs, à tout ce qui est ecclésiastique. « Quiconque a du sang de théologien dans les veines, ne peut a priori, qu'être de mauvaise foi, et en porte à faux devant les choses. Le trouble qui en résulte se donne le nom de foi : fermer une fois pour toutes les yeux pour ne pas se voir, pour ne pas souffrir au spectacle d'une incurable fausseté. De cette optique défectueuse appliquée à toutes choses, on fait à part soi une morale, une vertu, une sainteté ; on associe la bonne conscience à un défaut de vision. On exige qu'aucune autre optique ne soit plus admise, après avoir rendu la sienne sacro-sainte enl'accolant aux noms de « Dieu », de

....

24 F. NIETZSCHE.- *L'Antéchrist, Œuvres philosophiques complètes*, VIII, (Paris, Gallimard, 1974), n°42, p.203.

25 M. LUTHER.- *De la liberté du chrétien*, Aubier, coll. « Foi vivante », n°109, 1969, p. 65 sqq.

« Rédemption », « d'éternité ». Cet instinct théologique, je l'ai mis au jour un peu partout : il est la forme la plus répandue, la plus proprement souterraine de fausseté qu'il y ait au monde. Ce qu'un théologien ressent comme vrai doit nécessairement être faux : voilà un critère à peu près infaillible de la vérité. C'est son instinct de conservation le plus élémentaire qui empêche que la réalité soit à l'honneur, ou même ait seulement son mot à dire sur aucun point. Partout où s'étend l'influence des théologiens, le jugement de valeur est la tête en bas, et les notions de « vrai » et de « faux » sont nécessairement interverties. C'est ce qui est le plus nuisible à la vie qui, dans ce cas, passe pour « vrai », et tout ce qui l'élève, l'intensifie, l'affirme et la fait triompher est appelé « faux ».[26]»

Nietzsche a même très nettement perçu l'opposition entre ce qu'ont d'« extra-ordinaire » les rêves initiatiques des chamans et ce qu'a d'institutionnel et de rassurant l'appel entendu par les clercs au sein de l'Eglise, lorsqu'il a taxé la morale chrétienne d'anti-réalité imaginaire : « Ce monde de pure fiction se distingue – tout à son désavantage – du mondedurêve, par le fait que ce dernier reflète la réalité, tandis que le premier falsifie, dévalorise et nie la réalité. À partir du moment où l'on inventait l'idée de « nature » pour l'opposer à l'idée de « Dieu », le mot « naturel » devenait forcément synonyme de « condamnable ». Tout ce monde de fiction prend ses racines dans la haine du naturel – la réalité ! - ; il est l'expression d'un profond malaise devant le réel… Mais cela explique tout. Qui donc a intérêt à s'évader de la réalité par le mensonge ? Celui qui souffre de la réalité. Mais souffrir de la réalité, cela veut dire être une réalité manquée… C'est la prédominance des sentiments désagréables sur les sentiments agréables qui est la cause de cette morale et de cette religion fictives : mais cette prédominance nous donne aussi la formule de la décadence[27]. »

……………………

26 F. NIETZSCHE.- L'Antéchrist. Œuvres philosophiques complètes VIII, (Paris, Gallimard, 1974), n°9, p. 166-167.

27 *Ibid.*, n°15, p. 172.

Aux prêtres, Nietzsche reproche avant tout d'être des nihilistes, de dénaturer toutes les valeurs positives, d'y attenter, en vrais parasites qu'ils sont : « Le prêtre règne grâce à l'invention du péché[28]. » Pour lui, la doctrine de la rédemption, ou du salut, est un moyen pour faire que tousnous ayons précisément besoin de salut; c'est un moyen de nous rendre malades jusqu'à la destruction de l'âme et du corps : « Que, dans certaines conditions, la foi procure la béatitude, que la béatitude ne suffise pas à faire d'une idée fixe une idée vraie, que la foi ne déplace pas les montagnes, mais place des montagnes là où il n'y en a pas, une rapide visite dans un asile d'aliénés nous éclaire assez là-dessus. Mais elle n'éclaire pas un prêtre, il est vrai; car, lui, il nie d'instinct que la maladie soit la maladie et l'asile un asile. Le christianisme a besoin de la maladie, à peu près comme l'hellénisme a besoin d'un excès de santé – rendre malade est la véritable intention cachée de toute la thérapeutique du salut pratiquée par l'Eglise. Et l'Eglise elle-même, n'est-elle pas l'asile d'aliénés catholiques conçu comme suprême idéal ? – la Terre entière conçue comme un asile d'aliénés ? L'homme religieux tel que le veut l'Eglise, est un décadent type; le moment où une crise religieuse s'empare d'un peuple est chaque fois caractérisé par des épidémies de maladies nerveuses; le « monde intérieur » de l'homme religieux ressemble à s'y méprendre au « monde intérieur » du surexcité et de l'épuisé; les états les plus « sublimes » que le christianisme a suspendus au-dessus de l'humanité comme « valeurs des valeurs » sontdes formes épileptoïdes. L'Eglise n'a canonisé **in majorem Dei honorem** que des fous ou de grands simulateurs[29]... »« La base du christianisme, c'est la rancune des malades, leur instinct dirigé contre les bien-portants, contre la santé. Tout ce qui est achevé, fier, exubérant, et avant tout la beauté lui fait mal aux oreilles et aux yeux. Une fois de plus, je veux rappeler cette incomparable parole de Paul : [Ce qui est faible aux yeux du monde, ce qui est

....

28 *Ibid.*, n°49, p. 213.

29 *Ibid.*, n°51, p.215.

fou aux yeux du monde, ce qui est vil et méprisé aux yeux du monde, Dieu l'a choisi] : voilà bien la formule clé : **in hoc signo**... la décadence a vaincu. Dieu mis en croix – ne comprend-on toujours pas la terrible arrière-pensée qu'implique ce symbole ? Tous ceux qui souffrent, tous ceux qui sont crucifiés sont divins... Nous sommes tous crucifiés, par conséquent nous sommes divins... Nous seuls sommes divins... Le christianisme fut une victoire, et c'est une forme supérieure d'esprit aristocratique qui n'y survécut pas – le christianisme a été le plus grand malheur que l'humanité ait connu jusqu'à présent[30]... »

Conclusion partielle

Après cette analyse sur le nihilisme où nous avons montré comment le prêtre est le personnage nuisible par excellence. Il nous reste encore à montrer que l'idéal du prêtre dans son aspect ascétique déborde par ses effets le personnage déterminé du prêtre des religions, en sorte qu'on ne voit pas de quoi il retourne si l'on sépare le prêtre de l'idéal ascétique, actif sous des formes apparemment étrangères. Mais inversement, cet idéal ne peut dévoiler sa vigueur que, rapporté au type précis auquel il s'identifie dans notre histoire. Ceci va nous amener à approfondir les rapports entre la généalogie et le nihilisme à travers la question des idéaux ascétiques, dans le chapitre qui va suivre.

....

30 *Ibid.*, n°51, p.216.

Quatrième chapitre

Quel est le sens des idéaux ascétiques ?

10. Dixième section : généalogie et nihilismeexpérience et fatalité

La préface de *la Généalogie de la Morale* fournit, en outre, des indications précieuses pour situer l'importance attachée au rôle du prêtre, considéré en lui-même et dans ses rapports à la morale et à la psychologie (c'est-à-dire à la volonté en tant qu'organisme complexe de forces et de passions[1]). Il faut noter d'emblée qu'après avoir ancré *la Généalogie de la Morale* dans la nécessité qui traverse l'expérience nietzschéenne et l'organise, Nietzsche indique en toute clarté le lieu à partir duquel se déploie l'analyse généalogique : la dénonciation de la maladie occidentale : le nihilisme. Dans ce XIXe siècle finissant, Nietzsche formule « la pensée radicale concernant la source du mal de l'Europe dans les origines mêmes de la civilisation européenne : (il annonce) la crise de la modernité, la nécessité de balayer les vieilles tables de valeurs, et celle d'en créer de nouvelles, pour lesquelles, d'ailleurs, il constatait l'absence de principes[2]. » Cette société européenne

....

1 NIETZSCHE.- *La Généalogie de la morale*. III, § 8.

2 NIETZSCHE.- Le *Nihilisme Européen*, p. 26.

est décadente, déliquescente. L'homme moderne est un homme blasé. Affinements d'appétits, de sensations, de goûts, de luxe, de jouissances, névrose, hystérie,hypnotisme, morphinomanie, charlatanisme scientifique, schopenhauerien à outrance, tels sont les prodromes de l'évolution sociale en Europe, à l'époque de Nietzsche. La dénonciation de la maladie occidentale prend racine dans la maladie même du philosophe, en même temps que sa tentative d'atteindre à la santé.

Si l'on demande, parfois, ce qui fonde Nietzsche à développer une polémique aussi violente et acharnée contre le christianisme, et si l'on s'étonne de la faiblesse intrinsèque de certains arguments, il faut toujours se rappeler que celui-là seul qu'une éducation héritée de la tradition chrétienne a rendu malade, au sens littéral du mot, peut adopter un point de vue sur la santé apparente, un point de vue déconcertant pour celui qui ne sait pas ou ne se sent pas malade, mais sans doute plus pénétrant aussi.

La préface du *Gai Savoir* (automne 1886) ne laisse aucun doute sur la place qu'occupe la maladie, charnellement et psychiquement éprouvée, dans toute philosophie qui ne veut pas s'en tenir aux illusions et à la lecturesuperficielle des bien-portants. De même la séquence « pourquoi je suis si sage » (*Ecce Homo*) montre la sagesse de « cet homme », qui est le fruit d'une décadence acceptée et surmontée à grand prix.

Ces textes interdisent de séparer la philosophie nietzschéenne de l'expérience personnelle où elle s'enracine[3]. Car la maladie, éprouvée par Nietzsche, est ce à partir de quoi il lit, comme à travers un verre grossissant, la maladie distillée par sa religion à l'homme européen. Que Nietzsche ait tenté de s'en arracher n'est pas, à ses yeux, une aventure singulière : l'a priori, l'impératif catégorique qui s'énonce en lui, selon les termes du paragraphe 3 de *la préface de la Généalogie de la morale*, indique un mouvement

3 Comme le fait HEIDEGGER pour placer Nietzsche primordialement dans l'histoire de la philosophie *Nietzsche*, (Neske, 1961, 2 volumes, traduction française Pierre KLOSSOWSKI, Paris, Gallimard, 1971).

qui dépasse l'individu singulier Nietzsche, mais qui le travaille avec une certitude telle qu'il ne peut manquer de se considérer comme un destin ou une fatalité dans l'histoire de l'Occident. Cette idée d'un destin qui s'impose à l'individu et qui, comme telle, a valeur pour plus que l'individu, se trouve encore dans le paragraphe 4 de la préface *d'Aurore* (automne 1886) : « Il n'y a pas de doute, à nous aussi s'adresse un 'tu dois', nous aussi obéissons à une loi rigoureuse au-dessus de nous – et c'est la dernière morale qui se fasse entendre à nous, que nous sachions encore vivre. »

La séquence finale du dernier livre publié, *Ecce Homo*, s'intitule : « Pourquoi je suis un destin ». Le texte de l'adolescence auquel renvoie le paragraphe 3, pourrait bien être, soit *Mon éloge de la vie*, de mai 1861[4], soit *Destin et Fatalité. Pensées de Pâques* 1862[5]. Aucune des dates ne correspond exactement à celle que Nietzsche indique ici. Faut-il lui attribuer une erreur due à l'éloignement dans le temps? Ces deux textes, en tout cas, illustrent le souci du jeune Frédéric, dès l'âge de 17 ans, de lire sa vie, comme traversée par le destin. On peut voir là, l'origine des lectures incessantes qu'il entreprend, jusqu'au bout, de son expérience - et de sa vie comme expérience. Sa vie est sienne, et plus que sienne : d'où l'effort pour déchiffrer en elle, ce qui la dépasse et peut rejoindre l'expérience de tous a priori qu'on ne se donne pas, mais qui s'impose; impératif qui inclut le principe d'un dépassement du subjectivisme de l'analyse, tout en indiquant l'enracinement subjectif de celle-ci; loi quiarrache aux conditionnements du milieu ou de l'entourage comme l'indique explicitement le paragraphe 3 de la préface de *la Généalogie*; exigence qui ne dit pas encore son nom, bien que la conclusion du paragraphe 7 de la même préface fasse une allusion au « dieu de l'obscurité », à Dionysos, « lui, le grand, le vieux, l'éternel retour

4 NIETZSCHE.- *Œuvres Complètes*, traduction Schechta, III, pp.88-89 ou édition Beck, tome 1, pp. 276-278.

5 NIETZSCHE. - *Ibidem*, édition Beck, tome 1, pp. 276-278.

comique de notre existence » qui, affirmé de bon cœur, ouvrirait « une nouvelle intrigue et une nouvelle possibilité ».

À côté de Dionysos, Nietzsche fait aussi allusion à quelqu'un qui joue avec l'homme, au « grand enfant d'Héraclite, qu'on appelle Zeus ou le hasard » à la fin du paragraphe 16 de la deuxième dissertation de *la Généalogie de la morale*, à ce « cher hasard »[6], dont la sollicitation oubliée, par la coalition des forces réactives, peut seule ne pas entraîner au dégoût devant l'homme. Par deux fois, *l'Antéchrist* parle d'« une divinité ironique » qui assiste à la lamentable histoire de la décadence[7].

Ainsi l'expérience la plus individuelle et la plus unique, éprouvée à travers les aléas physiques et psychiques d'un itinéraire particulier, sedécouvre traversée d'une fatalité qui rend sa propre histoire typique et ouvre l'homme de ce destin à une lucidité concernant le destin de tous. Sans s'imposer comme modèle, elle propose à chacun un déchiffrement qui peut l'aider, à son tour, à lire son histoire individuelle et celle de sa civilisation (dont sa propre histoire est inséparable).

11. Onzième section : fatalité et métamorphoses

Mais on se méprendrait à entendre cette fatalité comme le déploiement d'une nécessité extérieure ou étrangère à l'individu. Par exemple, à propos du péché originel, Drewermann, dans la lignée de Nietzsche le voit comme une culpabilité nécessaire. Mais le problème philosophique qu'il pose est le suivant : « Comment concevoir la nécessité de la culpabilité, idée contradictoire dans ses termes mêmes ? Car il faut que la culpabilité soit nécessaire, sinon tous les humains ne seraient pas coupables. Mais elle doit être libre, sinon ce ne serait pas une culpabilité[8]. » Cette fatalité pourrait, par conséquent être envisagée comme quelque chose d'intérieure,

....

6 NIETZSCHE.- *Le Gai Savoir*, paragraphe 277.

7 NIETZSCHE.- *L'Antéchrist*, paragraphe 36 et 39.

8 DREWERMANN(E.).- *Le mal. Structures et permanence* (Paris, Desclée de Brower, 1995). p 55

comme une nécessité intérieure à l'individu. Elle n'est découverte qu'actuée par une volonté qui accepte de se transformer selon l'a priori de cette fatalité. En ce sens, cette fatalité est l'histoire des transformations auxquelles elle engage. En effet, la préface de *la Généalogie de la morale* fait état d'une triple métamorphose de l'homme Nietzsche, sous l'impulsion de l'impératif catégorique nouveau dont on vient de parler. On notera d'abord le terme : métamorphose (paragraphe 3). Identique à la désignation des « Trois métamorphoses » à l'entrée du *Zarathoustra*, et consonant avec le vocabulaire nietzschéen de « conversion », de « retournement », de « renversement », de « transmutation ». On remarquera de même que ce texte de la préface indique une triple métamorphose ou un triple passage : passage de la confusion théologique et morale sur l'origine du mal rapporté à Dieu, à une question sur les conditions dans lesquelles l'homme découvre les jugements de valeur du bien et du mal (paragraphe 3) ; puis passage du doute sur les valeurs de renoncement, de mépris de soi, de pitié, considérées comme supérieures à toutes les autres, à la mise en question de la tradition occidentale dans son expression moderne (paragraphe 5) ; enfin cette interrogation se creuse elle-même en interrogation sur la valeur des valeurs (paragraphe 6).

Ce triple questionnement, ou plus exactement la triple transformation du même problème, est important : au premier niveau, il dénonce la confusion de la morale et de la religion ; au second niveau, il critique la non-valeur intrinsèque d'une morale commandée par une psychologie nihiliste, donc la confusion de la morale et des valeurs réactives posées par la volonté faible ; au troisième niveau, il interroge la volonté en tant qu'elle veut, et atteint ce que Nietzsche appelle la psychologie[9].

Cette triple transformation manifeste également le lien posé entre les trois niveaux à partir du dernier niveau : une volonté

9 La position de NIETZSCHE à l'égard de SCHOPENHAUER est ainsi décrite. Cette distinction, loin d'être arbitraire, retrace, en le synthétisant, l'itinéraire de NIETZSCHE lui-même.

faible (psychologie) ne peut que vouloir des valeurs réactives (morale) et identifier l'origine de ces valeurs à une nature, ou à un dieu, ou à un principe premier, ou à un vouloir-vivre mauvais (religion). À l'inverse, elle laisse supposer qu'une volonté saine, affirmative, forte (psychologie), voudrait des valeurs actives et nobles (morale) et n'ayant plus souci d'attribuer à un principe premier la responsabilité de son mal (religion) pourrait affirmer l'innocence du devenir.

Cette triple métamorphose est, en outre, cohérente avec celle qui ouvre la première partie du *Zarathoustra*. Le chameau figure la volonté faible, accablée d'elle-même et acceptant de s'accabler des valeurs réactives et d'une religion nihiliste : le chameau n'a pas franchi la première transformation. Il porte les fardeaux, parce que le monde est un fardeau et que le principe premier, premier fardeau lui-même, en a jugé ainsi. Le lion représente le passage à la seconde transformation, celle (encore réactive, marquée par une agressivité de faible) qui accuse les valeurs de la tradition (le dragon scintillant d'écailles) sans parvenir tout à fait à vouloir souverainement. L'enfant, enfin, serait l'accomplissement de l'ultime transformation : affirmation renouvelée mais paisible de soi, qui consiste aussi à « dire un oui sacré » au monde. On peut en conclure que *la Généalogie* met en œuvre, sur le mode négatif qui est le sien, l'affirmation (le devenir affirmateur) du *Zarathoustra*.

Tout ceci autorise à lire, dans les trois métamorphoses qui organisent la préface, une clé de l'organisation de *la Généalogie de la morale*. Cette clé a le mérite d'être empruntée à Nietzsche lui-même. Elle ouvre l'intelligence des trois Dissertations : la première montre la confusion de la morale par lareligion judéo-chrétienne (symbole : le chameau) ; la seconde dévoile les racines du sentiment de culpabilité qui se manifeste dans les morales altruistes (symbole : le lion en lutte contre le dragon) ; la troisième interroge la volonté de l'homme moderne sur son aptitude à s'émanciper des idéaux ascétiques, donc à s'engager dans la troisième métamorphose (l'homme peut-il devenir enfant ?)

Deux remarques enfin : la préface indique clairement que « les problèmes fondamentaux » ne sont pas ceux de la morale car l'approche généalogique resterait elle-même victime de la morale réactive si elle n'allait pas au-delà de la critique, pour les laisser émerger. Car la tradition les a obturés, défigurés, ou déplacés. Mais comment apparaîtront-ils tant que la figure sacerdotale restera dominante et que la volonté faible aspirera aux médiations des idéaux ascétiques ?

La deuxième remarque éclaire la première : l'analyse généalogique qui procède par transformation successive de problèmes, faisant apparaître dans la religion nihiliste la présence cachée d'une morale réactive, elle-même voulue en dernier ressort par une volonté décadente, n'implique pasla réduction de ces niveaux à un premier niveau qui fournirait la raison d'être des deux autres. L'analyse fait apparaître la cohérence, la logique comme dit souvent Nietzsche, qui organise et traverse ces niveaux. Qu'un type de religion, de morale et de volonté faible formées ensemble, laissent entendre qu'une autre volonté transformée par l'affirmation, peut vouloir autrement une morale (celle de la création) et proférer un oui à l'éternité qui ne se dégrade pas en religion moralisée ou en nostalgie des arrière-mondes. L'analyse généalogique qui se déploie sur le présupposé de la mise en évidence des niveaux habituellement méconnus, ne pourrait aboutir à la réduction des uns aux autres que par une infidélité foncière à l'optique de cette méthode.

Au total, la figure du prêtre n'est aussi caractéristique que parce qu'elle symbolise la confusion, effectivement opérée dans l'histoire, entre volonté faible en quête d'un but, morale réactive adaptée à l'individu porté à l'oubli de soi et religion nihiliste du Dieu bon et pitoyable. Elle ne peut apparaître sous sa face ténébreuse que parce que, déjà, autre chose est apparu, qui trouve son expression positive dans le *Zarathoustra* et manifeste sa portée critique dans la *Généalogie*, reliée à *Par-delà bien et mal.*

Dans la 3è dissertation de la *Généalogie de la morale*, Nietzsche pose la question de savoir ce que signifie l'idéal ascétique ? Le réponse est celle-ci : l'idéal ascétique signifie le nihilisme. Nous allons, à présent, aborder les questions des idéaux ascétiques, après celle du nihilisme.

12. Douzième section : les questions des idéaux ascétiques

Nous verrons particulièrement les questions des idéaux ascétiques, sous l'angle de la question de la vérité, dans le Nietzsche de la maturité. Cette question de la vérité est compatible avec l'idéal ascétique, en particulier, dans ses analyses de la *Généalogie de la morale* qui traitent de la foi en la vérité comme la dernière expression de l'idéal ascétique. Walter Kaufmann présente Nietzsche comme quelqu'un qui croit en la vérité et le décrit comme un adepte de l'idéal ascétique[10]. Notre problème est de tenir à la fois cette affirmation qui dit que Nietzsche s'oppose à toutes les formes de l'idéal ascétique et cette autre qui la réconcilie avec son analyse de la foi en la vérité, car il accepte l'existence de la vérité. Nietzsche nous mène au-delà des arguments de l'ultime raison pour rejeter la théorie métaphysique correspondante - non pas que cela implique une contradiction interne, maisque cela reflète et doit supporter un idéal auquel il s'oppose et considère comme dangereux. Voilà pourquoi cela donne à l'explication de Nietzsche la raison pour laquelle de si brillants philosophes se sont trouvé eux-mêmes ensorcelés par ce qu'ils considèrent comme un non-sens. Cette analyse de l'idéal ascétique va aussi nous permettre de comprendre les doctrines de Nietzsche comme la volonté de puissance et l'éternel retour.

13. Treizième section : les philosophes et l'idéal ascétique

Nietzsche consacre plusieurs sections de la *Généalogie de la morale* III à la distinction entre l'idéal ascétique du philosophe et celui du prêtre. Nous en déduisons qu'il fait la distinction entre

....

10 KAUFMANN (Walter).- *Nietzsche. Philosopher*, Psychologist, Antichrist (Princeton University Press, Princeton and London, Fourth Edition, 1974), p. 256 ; 359-61.

son rejet de l'idéal ascétique et son rejet de l'idéal du prêtre puis il renvoie aux derniers comme « l'idéal ascétique ». Sa distinction entre ces deux versions de l'idéal ascétique, voudrait permettre à l'une de conclure à la place de l'autre, de ce qu'il rejette la version du prêtre pendant qu'il accepte celle du philosophe.

Cette conclusion semble être à la base de l'interprétation de Kaufmann qui apparaît comme un partisan à la fois de l'idéal ascétique et de la foi en la vérité que Nietzsche considère comme sa dernière expression. Mêmeceux qui pensent que Nietzsche trouve la foi en la vérité problématique, l'interprètent parfois comme supportant l'idéal ascétique du philosophe.

Nehamas, par exemple, utilise son interprétation pour supporter le point de vue que Nietzsche ne s'oppose pas à l'idéal ascétique, mais seulement sa demande pour une acceptation universelle. Nehamas traite l'absence de demande comme un fait majeur qui fait la différence entre la version philosophique de l'idéal ascétique et celui du prêtre. Nous argumenterons donc que la distinction que Nietzsche fait, est largement apparente, que *La Généalogiede la morale* III présente le philosophe comme un exemple du prêtre ascétique.

La description initiale de Nietzsche semble certainement désignée pour faire la différence entre l'idéal ascétique du philosophe et celui du prêtre. Bien qu'il commence par noter la « bizarre imitation du philosophe et la rancœur contre la sensualité »[11], Nietzsche nie apparemment qu'il ait quelque chose de moral ou de négatif dans la vie ascétique des philosophes. Comme tout autre animal, le philosophe « instinctivement s'efforce avec un maximum de conditions favorables par lesquelles, (il) peut être dépassé de toute sa force et achève son sentiment de puissance maximum. À la fin, les philosophes empêchent les pièges de la vie familiale, l'amour de la luxure et le raffinement, et la fierté illimitée et irritable. »[12]

....

11 NIETZSCHE.- *La Généalogie de la morale* III, 7.

12 NIETZSCHE.- *La Généalogie de la morale* III, 18.

Pour eux, l'ascétisme constitue « beaucoup de freins à l'indépendance » et établit les conditions les plus favorables pour le développement d'une plus haute spiritualité. Il n'y a pas de vertu dans leur ascétisme, pense Nietzsche, semblant ne pas nier sa valeur, mais il insiste qu'il ne s'accorde pas vraiment avec la compréhension du prêtre au sujet de la vertu. Plus que de se nier eux-mêmes ou l'existence, Nietzsche proclame que les philosophes simplement suivent la piste de leur instinct de domination, et empêchent ce qui interfère avec lui. Ici parlent, la prudence et l'auto-affirmation, et non la moralité ou la dévaluation de la vie.

Pourquoi, ensuite Nietzsche considère-t-il les philosophes comme les amis de l'idéal ascétique ? L'attitude qu'il leur attribue, leur chasteté ne vient pas « d'une sorte de scrupule ascétique ou haine des sens, juste comme ce n'est pas de la chasteté quand un athlète ou un jockey s'abstient des femmes »[13]- n'est pas plus ascétique que celle qu'il attribue au premier Wagner qui, selon Nietzsche, ne paye pas un hommage à la chasteté dans un « sens ascétique » seulement à la fin[14]. Nous estimons que la remarque de Nietzsche sur les philosophes a été délibérément mal conduite et qu'il croit actuellement qu'ils n'acceptent pas l'idéal ascétique du prêtre.Nietzsche lui-même décrit *La Généalogie de la morale*, comme « peut-être la chose la plus étrange qui ait été écrite jusqu'à présent » au vu de « l'expression, l'intention et l'art de surprise[15] ». Il est aussi remarquable qu'il ait préfacé *La Généalogie de la Morale* III, d'un aphorisme du *Zarathoustra* sur « au sujet du lire et d'écrire » qui nous informe qu'« un autre siècle de lecteurs et l'esprit lui-même pue »[16] Nietzsche semble avoir construit cet essai comme un test pour les lecteurs. Finalement, il rend explicite dans *la Généalogie de la morale* III lui-même, qu'un examen de l'histoire révèle un bond plus fort entre la philosophie et l'idéal

....

13 NIETZSCHE (Freidrich).- *La Généalogie de la morale*, III, 8.

14 NIETZSCHE (Freidrich).- *La Généalogie de la morale*, III, 2.

15 NIETZSCHE (Friedrich).- *Ecce Homo de la Généalogie de la Morale*

16 NIETZSCHE (Friedrich).- *Ainsi Parlait Zarathoustra*, I, 7.

ascétique que celui qu'il avait auparavant suggéré. « C'était seulement sur les harnais de cet idéal que la philosophie apprend à marcher sur la terre. »[17]

Il devient clair que « cet idéal » se réfère à l'idéal du prêtre quand Nietzsche explique que « l'esprit philosophique, dès sa naissance, simplement pour pouvoir subsister de quelque façon, a dû se déguiser, se cacher sous les types préétablis de l'homme contemplatif, sous les traits du prêtre, du sorcier, du devin, de l'homme religieux, tout court. L'idéal ascétique a longtemps servi au philosophe de forme de manifestation, de condition d'existence, - il devait y croire pour pouvoir le représenter.

Nier le monde, être hostile à la vie, mépriser les sens et se passer d'eux, toute cette manière d'être caractéristique du philosophe qui le fait se tenir à l'écart et qui, se prolongeant jusqu'à notre époque, est à peu près parvenue à s'imposer comme l'attitude philosophique par excellence. Elle est avant tout une conséquence de l'état de choses, placé sous le signe de la nécessité, au sein duquel la philosophie, généralement est née et a subsisté. Pendant longtemps, en effet, la philosophie n'aurait pas été possible du tout sur terre sans une enveloppe ascétique pour la voiler, sans une mésinterprétation ascétique d'elle-même[18].

Ici, Nietzsche proclame que les philosophes représentent à la fois et croient dans la version de l'idéal ascétique du prêtre. Il n'y a pas eu d'idéal ascétique indépendant. « Seulement à présent ce que nous tenions pour le prêtre ascétique, prenons-nous sérieusement la situation en mains avec notre problème : que signifie l'idéal ascétique[19]? »Cela signifie : nous comprenons l'engagement des philosophes à l'idéal ascétique seulement en comprenant le philosophe comme un prêtre ascétique, c'est-à-dire comme partageant la dernière évaluation de l'existence humaine.

....

17 NIETZSCHE.- *La Généaologie de la Morale* III, 9.

18 NIETZSCHE.- *La Généalogie de la morale* III, 10.

19 NIETZSCHE.- *La Généalogie de la morale* III, 11.

Ce qui est une évidence pour son interprétation, la philosophie implique « une ascétique mauvaise compréhension propre. » La mauvaise compréhension propre en question n'est sûrement pas la croyance que la philosophie implique la négation de quelques désirs. Il serait absurde pour Nietzsche de suggérer que pratiquer la philosophie est compatible avec lasatisfaction de tous les originaux désirs de celle-ci. Pas plus qu'il a proclamé probablement que les philosophes ont mal interprété la nécessité de limiter proprement comme l'auto-négation au lieu de l'accomplissement propre.

Même dans le *Phédon*, le plus grand panégyrique de l'idéal ascétique, Platon présente la philosophie comme le plus grand plaisir et l'accomplissement de soi-même. Pourquoi Nietzsche, cependant, trouverait-il comme une mauvaise compréhension, l'ascétisme philosophique de ce dialogue qu'il connaissait bien et qu'il a enseigné plusieurs fois à Bâle ? - Cela devient apparent si nous considérons la connexion de l'évaluation de l'ascétisme du prêtre avec l'existence humaine naturelle.

Dans le *Phédon*, le Socrate mourant interprète la philosophie comme une échappée de la vie ou de l'existence humaine naturelle, comme en effet, le philosophe est un « être-pour-la-mort ». « Les philosophes ne devraient pas être effrayés de la mort, argumente-t-il, depuis ils ontactuellement cherché la mort toute leur vie[20] ». La philosophie requiert d'accomplir un état qui satisfasse la définition de la mort, c'est-à-dire, la séparation de l'esprit et du corps. La raison est que son but peut être réalisé seulement par un esprit libéré de toutes les influences des sens contaminées et plaisirs corporels, l'influence contaminée de notre nature animale. Platon a argumenté par Socrate que la philosophie a pour but la connaissance de la vérité, tandis que les sens peuvent fournir seulement l'opinion et l'illusion. Le philosophe doit éviter, le plaisir sensuel, parce qu'il nous lie au monde empirique, nous

....

20 PLATON.- *Phédon* 64a.

encourage à nous tromper sur ce que nos sens perçoivent de la réalité[21].

L'interprétation de la philosophie comme une ascèse que nous suggérons, non seulement , parce qu'elle prend en compte la philosophie qui requiert l'abstinence, mais aussi la promotion de l'abstinence, incarne une évaluation de la vie humaine. Le message qui se cache derrière la compréhension de Platon semble claire : la vie humaine a de la valeur. On possède la vertu seulement en se retournant contre la condition humaine naturelle.

Comme Nehamas le suggère, Nietzsche ne peut donner comme argument le fait de considérer ce point de vue ascétique de la philosophie. Il s'agit d'une mauvaise interprétation du fait que cette vie a réellement de la valeur. Mais Nietzsche peut considérer ce point de vue comme une mauvaise interprétation le fait que la philosophie est actuellement dans le prolongement des autres activités humaines. Etant entendu que Platon y montre une radicale discontinuité.

Selon notre interprétation, la distinction initiale de La *Généalogie de la morale* III entre les philosophes et le prêtre, est mal menée. La raison est que les philosophes ont accepté un état naturaliste de la philosophie, alors que Nietzsche croit qu'ils l'ont accepté pour un « autre monde ». Cet état reflète la dévaluation de l'existence humaine du prêtre ascétique. Ce n'est pas que Nietzsche mente quand il proclame que les philosophes ont trouvé le rejet du plaisir sensuel pour développer une plus haute spiritualité[22]. Ils éliminent les obstacles à leur engagement dans l'activité qui leur donne leur plus grand sentiment de puissance[23].

Mais ceci leur donne un état délibérément incomplet et mal compris de ce qu'ils croient actuellement, c'est-à-dire, que leurs compréhensions de la plus haute spiritualité (comme excluant la sensualité) dérivent de l'idéal du prêtre ascétique et leurs

....

21 PLATON.- *Phédon* 83a.

22 NIETZSCHE.- *La Généalogie de la morale* III, 9.

23 NIETZSCHE.- *La Généalogie de la morale* III, 7.

empêchements aux obstacles de l'ascétisme sont moins les distractions de l'ordinaire existence humaine que leurs irritations ou leurs ressentiments de l'existence naturelle.

Mais Nietzsche est évidemment en train de faire une distinction entre le philosophe et le prêtre. Encore une fois, nous reconnaissons qu'il est délibérément en train de nous tromper. Et cela devient tentant de supposer que la distinction qu'il veut faire saisir est celle de l'idéal philosophique et l'ascétisme du prêtre. Nietzsche conclut cette partie de la discussion en suggérant, que la philosophie comme il l'envisage, doit être possible seulement quand les philosophes se débarrassent de « la repoussante et ténébreuse chenille, seule forme sous laquelle, il était permis à la philosophie de vivre, en rampant[24]. »

D'un autre côté, Par-delà le bien et le mal suggère que les « esprits libres » actuels et les « philosophes du futur » sont « pleins de malice contre les attraits de dépendance qui tiennent cachés dans les honneurs, ou de l'argent, des bureaux, ou les enthousiasmes des sens[25]. » Pris ensemble, les deux passages suggèrent que l'idéal philosophique de Nietzsche empêchera beaucoup les objections des prêtres, mais interprétera cet empêchement d'une façon ascétique, c'est-à-dire, dans la façon de déprécier la naturelle existence humaine. Ces philosophes du futur n'interpréteront pas l'empêchement en question comme auto-négation, mais comme nécessaire afin de satisfaire à « la volonté de leur instinct de domination[26] », la volonté à laquelle ils s'identifient le plus eux-mêmes.

Le danger de cette interprétation tient à ce que les idées principales d'empêchements à l'idéal philosophique de Nietzsche, sont ce que le prêtre empêche, c'est-à-dire les différentes formes de joie sensuelle. Nietzsche, en vérité, reconnaît que l'intérêt du philosophe pour les biens mondains et les plaisirs doivent avoir

....

24 NIETZSCHE.- La Généalogie de la morale III, 10.

25 NIETZSCHE.- Par-delà le bien et le mal 44.

26 NIETZSCHE.- La Généalogie de la morale III, 8.

des limites : d'autres personnes pourraientpercevoir ces limites comme des auto-négations. C'est cette indépendance, mais aussi le temps et l'énergie qui sont en jeu ici.

Mais comme Nietzsche le reconnaît largement, cet intérêt pour les possessions mondaines, pourrait distraire un philosophe des tâches importantes. Sa propre biographie suggère qu'il reconnaît un revenu décent comme une meilleure solution à la pauvreté. *La Généalogie de la morale* III ne nous donne aucun fondement pour nier ce qu'était le point de vue de Nietzsche, pas plus qu'il n'a un point de vue identique sur la chasteté.

Quoiqu'auto-restreint, l'idéal philosophique de Nietzsche ne trouve pas nécessaire que la vie philosophique soit interprétée comme une expression de la volonté de puissance et non comme une auto-négation qui changera cet idéal philosophique de l'auto-négation. Nietzsche est un être qui a une maîtrise propre, mais ce n'est pas la maîtrise des impulsions sensuelles, ce qui est particulièrement problématique.

Conclusion partielle

Toutefois Nietzsche écrit sur l'idéal ascétique philosophique, non parce que son idéal philosophique plaide en sa faveur, mais parce qu'il pense que la plupart des philosophes actuels ont interprété la philosophie sous l'influence de la dévaluation de l'ascétisme du prêtre de la vie humaine. *La Généalogie de la morale* III ne s'efforce pas de distinguer une bonne d'une mauvaise version de l'idéal ascétique, mais de montrer comment s'est propagée cette influence de l'idéal ascétique du prêtre, qu'elle soit connue ou inconnue.

14. Quatorzième section : métaphysique et idéal ascétique

L'aspect le plus important, de l'influence de l'idéal ascétique sur la philosophie, vient de ce point de vue, que Nietzsche formule en ces termes : « (Parlant du prêtre ascétique), cette volonté incarnée de la contradiction et de l'anti-naturalité, est persuadée de philosopher; sur quoi va-t-elle exercer son arbitraire le plus intime[27] ? »

« Sur ce qui est ressenti le plus sûrement comme vrai, comme réel : elle cherchera l'erreur précisément là où l'instinct de vie place avec une certitude absolue la vérité. Par exemple, comme les ascètes de la philosophie des Védas, elle traitera de la corporéité comme d'une illusion, de même de la douleur, de la multiplicité, et de toute l'antithèse conceptuelle « sujet-objet » - erreurs que tout cela, rien qu'erreurs ! Refuser de croire à son moi, se nier à soi-même sa propre réalité » - quel triomphe ! - ce n'est plus seulement un triomphe d'une espèce bien plus élevée, d'un acte de violence et de cruauté contre la raison, se méprisant et se tournant ascétiquement en dérision, et elle décrète : « Il existe un royaume de la vérité et de l'être, mais justement la raison en est exclue[28] ! »

Ensuite Nietzsche proclame que les doctrines philosophiques elles-mêmes, reflètent l'influence du prêtre ascétique. Il inclut spécialement ceux qui réduisent le monde empirique au statut de l'apparence ou de l'illusion, ce qui résulte de la recherche des « erreurs précisément là où l'instinct d'une façon non conditionnée positionne la vérité[29]. »Ceci suggère que nous sommes naturellement enclins à accepter, comme de vraies croyances supportées par le témoignage des sens, et que cette acceptation des doctrines, qui rétrograde le témoignage des sens à l'illusion, requiertl'auto-négation, une négation de la satisfaction de toutes nos impulsions naturelles. Renoncer à la croyance, à son propre ego, présumé, requiert plus que de l'auto-négation. En d'autres termes, les doctrines philosophiques peuvent requérir la même intériorisation de la cruauté, que les prêtres ont favorisée, sous le nom d'idéal ascétique. Au lieu de forcer un ennemi à accepter quelque chose contre sa volonté, on se force soi-même à accepter

....

27 CLARK. - Nietzsche on Truth and Philosophy, p. 171.

28 NIETZSCHE.- La Généalogie de la morale III, 12.

29 CLARK.- Opus cité, p.172.

la vérité et la non-vérité de certaines croyances, quand cette acceptation est très difficile, et va contre ses propres inclinations.

Mais la difficulté et l'auto-négation impliquent, dans leur acceptation, qu'elles ne soient pas capables, de faire des expressions, des doctrines philosophiques de l'idéal ascétique. Nietzsche suggère qu'une telle intériorisation de la cruauté, puisse être favorisée, à la place presque opposée de l'idéal ascétique, une expression opposée de la vie. Il dénombre des expressions de doctrines philosophiques de l'idéal ascétique, seulement jusqu'à ce qu'elles demandent l'auto-négation, dans le service de l'interprétation qui dévalue l'existence humaine naturelle. Le meilleur dépouillement de Nietzsche, la manière dont les doctrinesphilosophiques expriment la dévaluation ascétique de la vie, vient d'un passage, qui explique la métaphysique, comme une expression de l'idéal ascétique, bien qu'il ne mentionne pas explicitement l'idéal.

Nietzsche introduit son analyse de la métaphysique, au commencement de _Par-delà le bien et le mal_, en posant le « problème de la valeur de la vérité[30]. » Ailleurs, il proclame que les propositions humaines ont servi à la fois, le vrai et le non-vrai[31]. Ici, il demande « ce que en nous veut réellement la vérité ?... Pourquoi pas plus la non-vérité ? » En d'autres termes, si les deux sont utiles, pourquoi louons-nous d'une façon exagérée, la vérité, plus que la non-vérité ? La prochaine section de _Par-delà le bien et le mal_, explique pourquoi les métaphysiciens le font : « Comment une chose pourrait-elle procéder de son contraire, par exemple, la vérité de l'erreur ? Ou la volonté du vrai, de la volonté de tromper ? Ou du désintéressement de l'égoïsme ? Ou la pure et radieuse contemplation du sage de la convoitise ? Une telle genèse est impossible; qui fait ce rêve est un insensé, ou pire encore, les choses de plus haute valeur ne peuvent qu'avoir une autre origine, un fondement propre. Elles ne sauraient dériver de ce monde éphémère, trompeur, illusoire et vil, de ce tourbillon de vanités et

30 NIETZSCHE.- _Par-delà le bien et le mal_ 1.

31 NIETZSCHE.- _Le Gai savoir_ 344 ; _Par-delà le bien et le mal_ 230.

d'appétits. C'est bien plutôt au sein de l'être, dans l'impérissable, dans le secret de Dieu, dans « la chose en soi » que doit résider leur fondement, et nulle part ailleurs.

Ce genre de jugement constitue le préjugé typique auquel on reconnaît les métaphysiciens de tous les temps. Cette manière de poser les valeurs, se dessine à l'arrière-plan de toutes les déductions de leur logique. Forts de cette « croyance », ils partent en quête de leur « savoir », de ce qu'ils baptiseront solennellement, « la vérité ». La croyance fondamentale des métaphysiciens, « c'est la croyance en l'antinomie des valeurs[32]. »

Nietzsche, évidemment, compte parmi les métaphysiciens, ceux qui croient en un monde métaphysique, ou « vrai », car sa principale déclaration est qu'un tel monde est requis par la foi métaphysique, en opposition aux valeurs (**die Gegensätze der Werte**). Cela signifie que le métaphysicien croit que la vérité diffère de ce qui est empiriquement accessible, et toutefois, comprend la vérité comme correspondant auxchoses-en-elles-mêmes, et la vraie connaissance, comme a priori. Le passage, aussi, prétend expliquer cette compréhension de la connaissance et de la vérité - pourquoi les métaphysiciens ont voulu, ce qu'ils appellent « savoir » et « vérité » - en des termes de foi en valeurs opposées. Est moins évident ce à quoi cette foi équivaut.

Dans un certain sens, toute évaluation implique des valeurs opposées. « Le Bien » et « le Mal », « le Beau » et le « Laid », « L'intelligent » et le « Sot », « le Courageux » et « le Peureux », sont des termes utilisés comme des questions placées à des fins opposées, d'une valeur de balance, et en ce sens, nomment des valeurs opposées. Mais tout terme de valeur, semble avoir une place dans une balance avec de telles fins opposées. Cependant,« la foi en des valeurs opposées » se réfère, clairement, à un engagement, à une sorte de valeur particulière, ou à un système de valeurs. Nous pouvons comprendre cet engagement, comme une foi, que des choses, à des fins opposées de la valeur de la balance, sont

....

32 NIETZSCHE.- _Par-delà le bien et le mal_ 2.

elles-mêmes opposées, c'est-à-dire, des négations, et toutefois, pas connectées, les unes aux autres. Ceci est la raison pour laquelle Nietzsche explique la motivation pour la foi en une « vérité » ou un mondemétaphysique : un tel monde est nécessaire comme une source de choses d'une plus grande valeur, donnée à la croyance que celles-ci n'ont pas de connexion avec les choses de moindre valeur.

Humain trop humain déjà connecte la métaphysique avec ses opposés. Dans la première section, Nietzsche déclare que les problèmes philosophiques ont encore pris la même forme qu'ils avaient, 2000 ans auparavant, c'est-à-dire « comment une chose peut naître de son contraire, par exemple, le raisonnable du déraisonnable, le sensible du mort, la logique de l'illogisme, la contemplation désintéressée du vouloir cupide, la vie pour autrui de l'égoïsme, la vérité des erreurs ? »*Humain trop humain* affirme que la philosophie métaphysique répond à cette question en niant que « l'un naquit de l'autre » et en assumant que « les choses d'une valeur supérieure, ont une origine miraculeuse, celles-ci provenant directement du noyau et de l'essence de la « chose en soi[33]. »Ceci sonne de façon identique avec le premier compte-rendu de *Par-delà le bien et le mal.* Dans les deux travaux à la fois, Nietzsche affirme que la chose en soi (dans son rôle métaphysique ou de « vérité » du monde) fonctionne pour expliquer l'origine des choses d'une valeur supérieure sans les connecter à leurs opposés. Mais il y a des différences importantes avec ces deux exposés de la métaphysique.

Dans *Humain trop humain*, le problème que soulève la métaphysique est une connaissance purement explicative de l'origine de certaines choses qui (apparaissent) comme étant d'une valeur supérieure. Nietzsche essaie de déterminer la métaphysique en la montrant comme superflue intellectuellement. Il le fait en fournissant des interprétations naturalistes des choses de valeur plus élevée, explications qui connectent ces choses à leurs opposés

33 NIETZSCHE.- *Humain trop humain* 1.

apparents, en les montrant ainsi comme « humaines, hélas, trop humaines[34]. » « La philosophie historique au contraire, qui ne peut plus du tout se concevoir séparée de la science naturelle, la plus récente de toutes les méthodes philosophiques, découvrit dans des cas particuliers (et, vraisemblablement, ce sera là sa conclusion dans tout) qu'il n'y a point de contraires, excepté dans l'exagération habituelle de la conception populaire ou métaphysique, et qu'une erreur de la raison est à la base de cette mise en opposition ; d'après son explication, il n'y a pas, strictement, ni conduite non égoïste ni contemplation entièrement désintéressée ; toutes deux ne sont que des sublimations dans lesquelles l'élément fondamental paraît presque volatilisé et ne révèle plus sa présence qu'à l'observation la plus fine[35].

Nietzsche est ainsi d'accord avec les métaphysiciens, qu'une chose ne peut pas venir de son contraire (fondement que nous assumons), de la définition des « contraires » comme des qualités qui nient chacune, et n'ont aucun aspect en commun. Il rejette l'implication d'un monde métaphysique en (acceptant) étant d'accord qu'il n'y a pas de contraires, que les choses viennent de leur apparente opposition par un processus de sublimation (**Sublimirung**). Il fournit toutefois une solution alternative au problème originel des métaphysiciens, et les points de vue métaphysiques sont basés sur une faute de raisonnement, une croyance que quelque chose qui est seulement la sublimation d'une autre chose, est réellement son opposé ou sa négation.

Ainsi *Humain trop humain* considère la métaphysique comme basée sur une faute innocente. Les métaphysiciens ont échoué dans la résolution du problème de la connaissance de l'origine des contraires. *Par-delà le bien etle mal* rejette ce point de vue. Nietzsche, maintenant abandonne le travail qui consiste à résoudre les problèmes philosophiques et fait un diagnostic. Il ne se contente plus d'exposer le monde métaphysique comme

34 NIETZSCHE.- *Ecce Homo III. Humain trop humain*.

35 NIETZSCHE.- *Humain trop humain*, 1.

connaissance superflue, il se met à l'œuvre pour l'abolir. Il nie son existence; la chose en soi est une contradiction dans les termes, présupposée par le « vrai » monde. Ensuite, pour combattre la métaphysique, il n'a plus besoin d'affirmer qu'il n'y a pas de contraires ou que tous les contraires apparents sont en relation. Pourquoi, ensuite son exposé de métaphysique dans _Par-delà le bien et le mal_ sonne-t-il d'une façon identique ?

Sa critique de la métaphysique aurait pu être moins convaincante, s'il n'avait pas mis à nu, la contradiction dont elle dépend. Car cela soulève une question majeure : comment cela peut-il arriver que quelques-uns des plus grands cerveaux (dans lesquels Nietzsche pense que se trouvent les métaphysiciens) se soient trompés de cette façon ? Si l'idée de vérité, telle que les métaphysiciens la comprennent, comporte une contradiction dans les termes, pourquoi la veulent-ils ? La réponse que Nietzsche donne ici est qu'ils ne veulent pas après tout d'une telle vérité. Ce qu'ils veulent c'est degarder les choses qu'ils évaluent sans tache, par connexion aux choses qu'ils n'évaluent pas : « Peu à peu, j'ai tiré au clair ce qu'a été jusqu'à présent toute grande philosophie : la confession de son auteur et, sans qu'il le veuille ni s'en rende compte, en quelque sorte ses mémoires; de même, il m'est apparu que dans toute philosophie, les intentions morales (ou immorales) forment vraiment le germe d'où est sortie toute la plante. De fait, il est bon (et sage) pour s'expliquer l'origine des affirmations métaphysiques les plus transcendantes d'un philosophe, de toujours se demander d'abord : à quelle morale, veulent-ils en venir ? Je ne crois donc pas qu'un 'instinct de la connaissance' soit le père de la philosophie; mais qu'un autre instinct, ici comme ailleurs s'est servi de la connaissance (et de la méconnaissance) comme d'un simple instrument[36]. »

Ce passage nie à la dernière ligne qu'une (grande) philosophie n'est jamais une faute innocente, ou un problème de connaissance purement. Nietzsche ne nie pas que les philosophes soient

....

36 NIETZSCHE.- _Par-delà le bien et le mal_ 6.

confrontés à de tels problèmes ou qu'ils accomplissent parfois le savoir ou la vérité. Ce point est qu'ils font aussi (comme ils font d'importantes fautes) dans le service de ce qu'ils considèrent comme des objectifs importants. Nietzsche devient plus clair en disant que ces objectifs (moraux, ou parfois, immoraux) sont un petit nombre. Dans des sections plus loin, il déclare que les Stoïciens qui prétendent trouver le canon de leur foi morale écrite dans la nature, ont construit actuellement la nature à l'image de leur moralité « comme une immense, et éternelle glorification, et une généralisation du stoïcisme. » En d'autres termes, les stoïciens sont arrivés à l'idée de la loi de la nature, qu'ils utilisent pour défendre leur idéal ascétique, en projetant cet idéal d'auto-tyrannie en nature. Nietzsche ajoute que ceci « est une ancienne, éternelle histoire : ce qui s'est passé avec les stoïciens, se passe encore aujourd'hui, dès qu'une philosophie commence à croire à elle-même. Elle crée toujours le monde à son image, elle ne peut faire autrement[37]. »

Nietzsche, ainsi, déclare que, au moins dans le cas des grandes philosophies, le savoir, les fautes, les problèmes intellectuels, sont toujours employés, au service de la construction du monde (c'est-à-dire, une image du monde) afin qu'ils reflètent les valeurs philosophiques ou l'idéal. Ce n'est surprenant, toutefois, que dans l'exposé de *Par-delà le bien et le mal*, sur la métaphysique, il porte les valeurs vers l'avant. Les valeurs entrent dans l'exposé d'*Humain trop humain* seulement à la périphérie jusqu'au « monde vrai » qui nécessitait comme une source des choses qui arrivent à être hautement évaluées. Dans *Par-delà le bien et le mal*, Nietzsche insiste pour dire que l'intérêt des philosophes, n'était pas d'expliquer d'où venaient les choses hautement évaluées, mais de les garder sans tache, par connexion avec les choses de moindre valeur. La foi des métaphysiciens, - qu'il y ait des contraires, c'est-à-dire, leur négation que les choses à des fins contraires de l'échelle des valeurs, sont connectées, - n'est plus une faute

37 NIETZSCHE.- *Par-delà le bien et le mal* 9.

innocente et purement intellectuelle, basée sur une observation insuffisante, mais un essai pour exprimer et renforcer certains jugements de valeur. La métaphysique est basée sur la foi dans les valeurs contraires, dans le sens que la valeur des jugements métaphysiques les force à insister sur le fait que les choses de la plus haute valeur n'ont aucune connexion avec les choses de moindre valeur, leur donnant ainsi une nécessité pour un monde métaphysique d'exposer l'existence des premières.

Ces jugements de valeur correspondent à ceux de l'idéal ascétique. Nietzsche les attribue aux métaphysiciens, à la fin du premier paragraphe cité plus haut, dans *Par-delà le bien et le mal*. Les métaphysiciens refusent une quelconque connexion, entre les choses qu'ils évaluent et les choses qu'ils n'évaluent pas, afin de sauver les premières, d'une quelconque contamination de la nature, par les choses de « ce » monde.

Le point est qu'une connexion à la nature, pourrait priver les choses les plus hautes de leur valeur. La foi métaphysique, dans les valeurs contraires, se transforme, pour être la foi que les choses de la plus haute valeur, doivent être des négations des choses de ce monde. C'est précisément l'idéal ascétique. La nature humaine est privée de sa valeur, ce qui est pris pour résider seulement dans ce qui s'oppose ou nie « ce » monde. Le « vrai » monde, Nietzsche le suppose, est nécessaire pour promouvoir les valeurs de l'idéal ascétique, pour garantir que les plus hautes valeurs ne relèvent d'aucun lien avec la nature.

Retournons, à présent, à l'explication de la compréhension métaphysique de la connaissance et de la vérité, fournie par le paragraphe2 de *Par-delà le bien et le mal.* C'est à cause de leur foi dans les valeurs contraires, affirme Nietzsche, que « cette sorte d'évaluation est à l'arrière-plan de tous les procédés de leur origine », c'est-à-dire, nous pouvons expliquer pourquoi les métaphysiciens comptent sur les procédures logiques, plus que sur la connaissance empirique, et pourquoi ils veulent ce qu'ils appellent « savoir » et « vérité » - savoir vers quelque chose, et correspondance de quelque chose, choses comme elles sont en elles-mêmes - en termes d'évaluation, Nietzsche l'appelle « la croyance en l'antinomie des valeurs », mais qu'il aurait pu appeler « l'idéal ascétique ».

Depuis qu'ils s'accordent sur la vérité et la connaissance des plus hautes valeurs, les métaphysiciens ne peuvent pas leur permettre d'être intimement connectées, à ce qui nous appartient comme créatures naturelles. Le savoir ne peut pas, toutefois, dépendre des sens; il doit être a priori. Son objet, la vérité, doit être complètement indépendante, de l'être humain, indépendant à la fois de nos vraies capacités humaines et de nos intérêts. La dévaluation de l'idéal ascétique de l'existence humaine naturelle est à la base de ces positions.

Nietzsche rend ce même point explicite, quand il affirme (dans le passage de la _Généalogie de la morale_ III, cité plus haut, au début de cette section), que le prêtre ascétique, quand, persuadé de philosophie, se décharge de sa « contrariété intérieure » sur ce qu'on sent comme le plus réel, et toutefois « cherchera l'erreur, précisément là où l'instinct de la vie, a le plus absolument placé la vérité[38]. » La dernière affirmation est précisément ce que font les métaphysiciens, quand ils insistent pour dire que la connaissance est un « vrai » monde, que le monde empirique est illusoire. La position de Nietzsche, ensuite, rend clairement son point de vue, que de telles doctrines métaphysiques, au sujet de la connaissance et de la vérité, sont elles-mêmes des expressions de l'idéal ascétique.Mais sa description des points de vue du prêtre ascétique, tient aussi dans la propre position de Nietzsche dans _Crépuscule des Idoles_. Que les « vérités soient des illusions » certainement, cela place l'erreur là où l'instinct de la vie, met la vérité. Que _Crépuscule des idoles_ n'affirme pas le savoir comme un « vrai » monde seulement, rend sa position plus ascétique, plus favorable à l'auto-négation. La métaphysique traditionnelleoffre d'accepter la réhabilitation des sens, pour satisfaire le désir de vérité, après tout, si nous voulons vaincre notre impulsion.

....

38 NIETZSCHE.- _La Généalogie de la morale_ III, 12.

Crépuscule des Idoles demande la même auto-négation, mais sans la compensation.

Plus loin, la demande pour l'auto-négation dans *Crépuscule des Idoles*, (la renonciation d'une proclamation de posséder la vérité), est basée sur la même conception de la dévaluation de la vie, que Nietzsche, plus tard, a trouvée parmi les métaphysiciens. *Crépuscule des Idoles*est basé sur son affirmation que les vérités sont des illusions, postulat que seulement quelque chose d'indépendant des êtres humains, et rien de vraiment « anthropomorphique », a une valeur suffisante pour desservir le statut non qualifié de la « vérité ». Que ce postulat soit inspiré, du moins en partie, par la réalisation que cette connaissance est, elle-même, un produit de la nature (ces intérêts cognitifs, d'une manière ultime, reflètent des intérêts pratiques), donne un peu plus de raisons, pour conclure que *Crépuscule des Idoles* reflète les valeurs de l'idéal ascétique.

Ce n'est pas pour nier que *Crépuscule des Idoles* soit déjà opposé à l'idéal ascétique jusqu'à ce qu'il nie que les exposés ou croyances que nousappelons « vérités », possèdent une plus grande source de valeur que la nature ou la vie peut fournir. Mais nous croyons qu'il peut aussi accepter la dévaluation de l'idéal ascétique, comme révélée par son refus d'utiliser le terme chargé de valeur « vérité » pour toute chose sans une plus grande source de valeur. Tandis que Nietzsche oppose l'idéal ascétique dans *Crépuscule des idoles*, il conserve aussi l'évaluation de l'idéal de la vie humaine. C'est cette ambivalence, en relation avec l'idéal ascétique qui le force, d'une façon ultime, à rejeter l'existence de la vérité. Nous soutenons que cette ambivalence est déjà presque apparente dans la *Naissance de la Tragédie*[39].

Ayant découvert le lien nié par les métaphysiciens entre la connaissance (et la vérité) et la nature, Nietzsche dévalue nos connaissances et nos vérités.

....

39 CLARK (Maudemarie). - "Deconstructing The Birth of Tragedy" in *International Studies in Philosophy* 19, n° 2 (1987), pp. 67-75.

Cela explique pourquoi il place son exposé le plus important, sur le perspectivisme, immédiatement après son passage sur le prêtre ascétique, qui se persuade de philosophie[40]. Après avoir présenté la métaphysiquecomme une réinterprétation de la connaissance et de la vérité, désignée pour les séparer de ce qui dévalue l'idéal ascétique, Nietzsche présente le perspectivisme comme son alternative, à la compréhension de l'ascétisme métaphysique de la connaissance et de la vérité. En se débarrassant de la chose en soi, le perspectivisme relie la connaissance et la vérité à la nature - la connaissance des sens et la vérité pour nos intérêts intellectuels, Nietzsche voit encore nos intérêts, comme des êtres naturels enracinés dans nos intérêts pratiques. Cela n'est pas une raison pour rétrograder le monde empirique, en monde illusoire, et insister sur le fait que la connaissance doit être un a priori, ou regarder la vérité comme indépendante de nos intérêts cognitifs.

Quand le perspectivisme est interprété comme limitant notre capacité à connaître, il est difficile d'expliquer pourquoi Nietzsche voudrait le considérer comme non ascétique. En fait, quand il utilise les limites de la connaissance humaine pour insister sur le perspectivisme qui ne sert pas l'idéal ascétique[41]. - dans les œuvres avant la _Généalogie de la morale_, travaux qui appartiennent à l'étape avant-dernière de son histoire du « vrai » monde, – il dévalue la connaissance et la vérité dont nous sommes capables. Le point fondamental du perspectivisme primitif de Nietzsche, est le même que celui du refus de la vérité de _Crépuscule des idoles_. Si le savoir et la vérité sont aussi intimement liés à la nature, ils ne peuvent pas avoir la valeur que nous leur accordons. C'est pourquoi _Par-delà le Bien et le Mal_ est un point de rupture. Nietzsche voit le problème technique, impliqué dans la combinaison du perspectivisme avec le représentationisme[42]-

....

40 NIETZSCHE.- _La Généalogie de la morale_ III, 12.

41 Par exemple, le _Gai Savoir_ 354.

42 NIETZSCHE.- _Par-delà le bien et le mal_ 15.

une combinaison qui est nécessaire. Il se pose alors la question de savoir si le perspectivisme doit être lié aux thèses falsifiées.

Nietzsche, en revanche, fait cette déclaration cruciale, qu' « un jugement faux n'est pas à nos yeux une objection contre ce jugement[43]. » Une fois que la fausseté ne dévalue pas un jugement, le point de Nietzsche appelant les vérités illusions, est perdu, et ce n'est pas une surprise, toutefois, qu'il ne mette plus en avant une quelconque version, de sa déclaration, dans les livres publiés après *Par-delà le Bien et le Mal*.

Il met en avant une version de sa proclamation dans le *Gai Savoir* V, qui apparaît d'abord dans la seconde édition du *Gai Savoir*, publié légèrement après *Par-delà le Bien et le Mal*. Cependant, c'est encore le cas que Nietzsche ne fait pas une telle déclaration dans tout nouveau livre publié après *Par-delà le Bien et le Mal*. La transitoire nature du paragraphe V du *Gai Savoir* fait de sa publication une partie appropriée du *Gai Savoir*, même si quelques sections pointent vers *la Généalogie de la morale*[44], et que d'autres (par exemple, 354), appartiennent clairement au cinquième niveau de l'histoire de Nietzsche du « vrai » monde.

Avec sa toute nouvelle version du perspectivisme, Nietzsche n'arrive pas à dépasser l'influence de l'idéal ascétique sur la philosophie.

15. Quinzième section : vérité et idéal ascétique

L'exposé de Nietzsche n'enferme pas l'influence de l'idéal ascétique de la philosophie dans la métaphysique. Que l'idéal ascétique ait grandement influencé le développement de la philosophie anti-métaphysique, cela est une implication majeure de sa fameuse déclaration dans la troisièmedissertation de *la Généalogie de la morale*, et la foi dans la vérité, la dernière expression de l'idéal ascétique.

43 NIETZSCHE.- *Ibidem*, 4.

44 Par exemple 344 et 357 cités dans *la Généalogie de la morale*.

La discussion étendue de la volonté, à la vérité, à la fin de la troisième dissertation, nous prévient Nietzsche, nous amènera à « l'aspect, le plus terrifiant et ultime » de sa question, concernant l'idéal ascétique : qu'il n'y a pas de problème, - que nous n'avons pas eu d'alternative. Il commence par considérer la science, comme une bataille pour le « système défini de volonté, de but et d'interprétation » de l'idéal ascétique[45]. La science moderne semble fournir un contre-idéal, affirme-t-il, parce qu'« elle a lutté longtemps et avec succès contre cet idéal, mais encore elle l'a vaincu sur presque tous les points importants : notre science moderne toute entière en porterait témoignage, - cette science moderne qui, en véritable philosophie de la réalité, n'aurait pas évidemment elle seule, le courage, la volonté d'elle-même, et jusqu'ici, aurait fort bien su se passer de Dieu, de l'au-delà et des vertus négatives[46]. »

Mais Nietzsche va nier cela : « Prenez le contre-pied de ce qu'ils disent et vous aurez la vérité : la science aujourd'hui n'a pas la moindre foi en elle-même, et encore moins un idéal au-dessus d'elle, - et là où il lui reste encore de la passion, de l'amour, de la ferveur, de la souffrance, là encore, bien loin d'être l'antithèse de cet idéal ascétique, elle n'en constitue que la forme la plus nouvelle et la plus noble : ... ces derniers idéalistes de la connaissance en qui seuls aujourd'hui réside et s'incarne la conscience intellectuelle, - ils se croient en effet aussi détachés que possible de l'idéal ascétique, 'ces libres, très libres esprits' : et cependant, je vais leur révéler une chose qu'ils ne peuvent voir eux-mêmes – car ils manquent de l'éloignement nécessaire : - c'est que cet idéal est précisément aussi leur idéal, ils en sont eux-mêmes les représentants aujourd'hui plus que personne peut-être; ils sont sa forme la plus spiritualisée, ils sont l'avant-garde de ses troupes d'éclaireurs et la plus insaisissable : - si, en quelque chose, je

....

45 NIETZSCHE.- _La Généalogie de la morale_, III, 23; cf _Ecce Homo_ III, la _Généalogie de la morale_.

46 NIETZSCHE.- _La Généalogie de la morale_, III, 23 .

suis déchiffreur d'énigmes, je veux l'être avec cette affirmation ! Non, ceux-ci sont loin des esprits libres, car ils croient encore à la vérité[47]... »

Ainsi, Nietzsche déclare qu'il n'a pas découvert la foi en la vérité comme la dernière expression de l'idéal ascétique. L'interprétation de sa découverte doit être capable d'expliquer pourquoi il la considère aussi comme importante et difficile - c'est-à-dire pourquoi il déclare être en train de discuter ici « l'aspect le plus terrifiant et ultime » de l'idéal ascétique et pourquoi sa réputation de déchiffreur d'énigmes dépend d'elle.

Des exégètes radicaux assument que « la foi en la vérité » que Nietzsche considère comme ascétique, est la croyance que la vérité existe (que quelques croyances sont plus vraies que fausses ou illusoires). Ayant donné l'opposition de Nietzsche à l'idéal ascétique, la troisième dissertation de la *Généalogie de la morale,* apparaît, ensuite, être une lutte pour que la croyance en la vérité existe, ou bien pour que cette science nous donne la vérité. Comme cette interprétation voudrait fournir une base solide pour rejeter notre exposé du développement de Nietzsche, nous allons présenter plusieurs raisons du rejet de cette présente hypothèse.

Si l'analyse de Nietzsche de la foi en la vérité, montre que nous devons abandonner la croyance que toute chose est vraie, elle pourrait biensembler, à la fois, terrifiante et importante. Cependant, c'est le fait que la croyance dans la vérité est ascétique que Nietzsche semble la trouver à la fois, terrifiante et difficile à reconnaître. Il est difficile de voir comment Nietzsche a pu considérer une croyance en l'existence de la vérité ascétique. Un peu plus avant, dans la troisième dissertation de *la Généalogie de la morale*, il étiquette comme ascétique, le désir de trouver « l'erreur à l'endroit même où l'instinct de la vie a le plus absolument placé la vérité[48], » c'est-à-dire, le désir de nier la vérité des déclarations supportées par l'évidence du sens du témoignage. Parce que ceci

....

47 NIETZSCHE.- *La Généalogie de la morale*, III, 23-4.

48 NIETZSCHE.- *La Généalogie de la morale* III, 12.

suppose que, quand ils ne sont pas influencés par l'idéal ascétique, les êtres humains sont naturellement enclins à accepter la vérité des déclarations supportées par l'évidence des sens. La croyance dans l'existence de la vérité, semble plus indulgente envers elle-même, acceptant nos impulsions naturelles de croire en la vérité plus que l'auto-négation.

Nehamas essaie de lier la croyance en la vérité à l'idéal ascétique, avec la suggestion que la première ne dépasse pas le dogmatisme dont dépendla seconde. Selon son exposé, Nietzsche s'oppose à l'idéal ascétique, parce qu'elle est une interprétation, encore offerte, « sous le 'nom de vérité' »puisqu'une interprétation » simplement par la vertu d'être offerte, est inévitablement offerte, avec la conviction qu'elle est vraie[49]. » Toutefois, Nehamas conclut : « Le dogmatisme dont dépend l'ascétisme, n'a pas encore été éliminé », même en attaquant l'idéal ascétique.

Mais, comme Nehamas l'interprète, le dogmatisme aussi, semble indulgent envers lui-même, plus qu'envers l'ascétisme. L'idéal ascétique se distingue des autres formes d'idéaux, non par son dogmatisme, lequel afflige toute interprétation selon Nehamas, mais par sa demande pour son auto-négation et sa dévaluation de la vie. La déclaration de Nietzsche est que la croyance en la vérité, est la « dernière, la plus spirituelle, insaisissable, et toutefois, la plus terrifiante de cet idéal dévaluant la vie[50]. » Il est difficile de voir comment son caractère dogmatique pourrait faire de tout idéal, un candidat, pour cette description.

Dante semble suggérer la sorte de connexion idoine, entre l'idéal ascétique et la foi en la vérité, en argumentant que la dernière dévalue la vie. Croire en la vérité, proclame-t-il, est de croire en « quelque chose, en dehors de l'homme, avec laquelle il doit être en harmonie lui-même et dont il dérive son sens, d'une

....

49 NEHAMAS (Alexander).- *Nietzsche : Life As Literature.*(Cambridge, Mass. : Harvard University Press, 1985), p. 131, cité dans CLARK (Maudemarie), opus cité, p. 182.

50 NIETZSCHE.- *La Généalogie de la morale* III, 25.

façon extrinsèque, comme il serait, et d'une façon dérivée. » Le Nietzsche de Dante déduit de ceci que la science « nous montre que nous sommes insignifiants[51] » Cela expliquerait comment la foi dans la vérité est ascétique. Elle demande une auto-négation; elle demande que nous nous subordonnions nous-mêmes, à quelque chose en dehors de nous, et qu'ainsi, nous niions la satisfaction de nos désirs pour le pouvoir ou l'autonomie. Et elle le fait au nom d'une interprétation qui dévalue la vie humaine, en la rendant sans valeur.

Déduire le non-sens du manque d'omnipotence, cependant, semblerait trahir une forme de mégalomanie que Nietzsche exhibe ici.

Quand la vérité est comprise comme correspondance des choses-en-elles-mêmes, Dante a raison de dire que Nietzsche croit que la vie humaineest assignée seulement d'une valeur dérivée, mais non pas parce que la vérité requiert l'harmonisation en quelque chose hors de nous-mêmes. Sa raison, plus que le jugement de valeur qui, étant à la base de l'interprétation métaphysique de la vérité, est que, ce qui est complètement indépendant des êtres humains, peut avoir vraiment de la valeur. La vie humaine, ensuite, doit dériver sa valeur du lien avec un monde transcendant. La compréhension perspectiviste de la vérité de Nietzsche nie que la vérité est indépendante de nos intérêts humains. Mais cela n'est d'aucune manière la négation de la vérité comme quelque chose que nous découvrons, plus que nous faisons, ou avec laquelle nous nous harmonisons nous-mêmes aux choses hors de nous.

Une même raison plus importante contre le fait de tenir la foi dans la vérité comme une croyance, en l'existence de la vérité, est qu'elle donne un non-sens de la conclusion, que Nietzsche livre dans toute son analyse du caractère ascétique. Cette conclusion est que « la science elle-même a besoin désormais d'une justification (ce qui ne veut même pas dire qu'il en existe

....

51 DANTO (Arthur, C.).- *Nietzsche As Philosopher*. (New York : Macmillan, 1965), p. 193 cité dans CLARK (Maudemarie).- *Ibidem*, p. 182.

une pour elle...La volonté de vérité a besoin d'une critique...Il faut essayer une bonne fois de mettre en question la valeur de la vérité[52]. » C'est que, nous ne pouvons plus prendre comme une garantie, la valeur de la vérité, pas plus que la valeur de la science doit à la place déterminer par expérimentation, comment la vérité est importante (et toutefois la science aussi). Ceci pourrait être absolument, une conclusion incohérente à donner, à une attaque de la vérité et de son existence. Seulement si nous assumons que quelques croyances sont vraies, pouvons-nous, d'une façon possible, accomplir des expérimentations, pour voir comment la vérité a la valeur, c'est-à-dire, comment, il y a de la valeur à avoir de vraies croyances. Nous prenons ce point, pour la sorte d'évidence, la plus décisive, qu'on ait eue, contre cette interprétation, à moins qu'il n'y ait pas une façon alternative, plausible, pour comprendre ce que Nietzsche signifie par « la foi en la vérité » (auquel cas, son analyse serait incohérente et ne pourrait être prise au sérieux).

Il y a, cependant, une alternative presque plausible, nommément, pour comprendre la foi en la vérité, comme la foi dans la valeur majeure de la vérité. Non le moindre avantage de cette interprétation, est que les propresmots de Nietzsche le rendent pleinement explicite, dans la partie suivante de son exposé, de ceux qui croient en la vérité : « Mais ce qui pousse à cet ascétisme, cette volonté absolue de la vérité, c'est que l'on ne s'y trompe pas, la foi dans l'idéal ascétique lui-même, sous la forme, il est vrai, de son impératif inconscient, - c'est la foi en une valeur métaphysique, en une valeur par excellence de la vérité, valeur que seul l'idéal ascétique garantit et consacre (elle tient ou tombe en même temps que lui)[53]. »

La foi, ici, dite dépendante de l'idéal ascétique, est presque évidemment, la foi en la valeur absolue de la vérité, laquelle ne peut être, d'une façon plausible, pensée découler d'une croyance dans sa vraie existence. »Valeur absolue » semble signifier « valeur

....

52 NIETZSCHE.- *La Généalogie de la morale*, III, 24.

53 NIETZSCHE.- *La Généalogie de la morale* III, 24.

majeure ». (Le paragraphe 344 du Gai Savoir donne l'évidence la plus forte pour cela). La foi dans la vérité est un engagement qu'on ne peut questionner, en la vérité, une acceptation qu'on ne peut questionner, que la vérité est plus importante que toute chose, par exemple, la joie, la vie, l'amour, le pouvoir. Il devient, à présent, facile d'expliquer, la conclusion que Nietzsche dresse de cette analyse. Parce que la foi dans la valeur majeure de la vérité areposé sur l'idéal ascétique, le rejet de cette dernière nous prive de notre fondement antérieur pour la vérité de valeur. L'analyse de Nietzsche, toutefois, a l'effet d'appeler cette valeur en question. Cela ne signifie pas que nous devons être capables de juger sa valeur seulement sur la base de l'évidence expérimentale, à laquelle nous devons être positionnés, pour rassembler seulement, après. Encore, ceci aurait été complètement incohérent, si l'existence de la vérité n'avait pas été présupposée.

Une discussion, quelque peu longue, est nécessaire, pour montrer que cette interprétation explique aussi pourquoi Nietzsche considère comme ascétique, la foi en la vérité, et pourquoi celle-ci est « terrifiante ». Pour commencer, « l'engagement en la valeur majeure, requiert l'auto-négation de la sensualité[54] ». Les chercheurs engagés de la vérité, qui ont détruit la religion et les fondements métaphysiques de l'idéal ascétique, durent sacrifier, pour l'amour de la vérité, « toute consolation, toute sainteté, tout salut, toute espérance, toute croyance en une harmonie cachée, en des béatitudes et en la justice à venir[55]. ». Pour l'amour de la vérité, ils ont abandonné les idées confortables qui ont donné sens à la vie humaine :que nous sommes des enfants de Dieu et les possesseurs d'une destinée surnaturelle; que nous vivons au centre de l'univers, qui a été créé pour notre utilité; que nous sommes libres et maîtres dans notre propre maison, les domaines de l'activité mentale et de l'action de la volonté. Ces doctrines ont été détruites, pense Nietzsche, par l'acceptation des doctrines de

....

54 NIETZSCHE.- La Généalogie de la morale III, 24.

55 NIETZSCHE.- Par-delà le bien et le mal 55.

base de la science moderne : les théories de Copernic, Darwin et celles de Freud, découvertes dans les écrits de Nietzsche. La destruction de ces croyances, a pu être apparente, seulement, pour le cas d'un groupe restreint d'intellectuels.

Mais comme le paragraphe 125 du Gai Savoir le montre, Nietzsche croit que l'événement culturel le plus grand, a déjà eu lieu, bien que, comme lorsque des étoiles éloignées, ont été détruites, cela n'ait pas été évident pour nous. Dante a vu justement, que Nietzsche a considéré l'acceptation de ces théories ascétiques. Cependant, l'auto-négation qu'elles requièrent, n'est pas celle de la soumission à une puissance hors de nous-mêmes, mais la non-volonté à abandonner les illusions confortables qui nous rendent heureux et nos vies, pleines de sens. Il peut sembler problématique, de déclarer que l'acceptation desvérités de la science, requiert une auto-négation, de la proclamation de Nietzsche, que le rejet de la vérité est ascétique. Si nous avons une inclination naturelle, pour accepter des croyances supportées par une évidence empirique, comment pouvoir accepter justement de telles croyances comme ascétiques ? La réponse de Nietzsche, selon le paragraphe 344 du Gai Savoir, les parties que nous avons notées dans la troisième dissertation de la Généalogie de la morale, est que, à la fois, « la vérité et la non vérité (ont constamment prouvé qu'elles sont utiles ». Il est certainement, parfois mieux de connaître la vérité, et d'éviter la déception. Nous ne pouvions donner suite à aucun de nos objectifs, à moins que, nous le fassions dans le temps. Mais parfois, sûrement, les gens se trouvent mieux, même si, dans le long programme - ils n'ont pas connu certaines vérités. La fréquence de l'auto-déception parmi les êtres humains, suggère certainement que, ceci est que nous sommes portés à croire ou à agir. Commettre soi-même la vérité « à tout prix » est toutefois, prendre une position contre ses propres inclinations naturelles.

Mais ceci ne suffit pas à faire de la foi en la vérité, une ascèse. Comme l'affirme le Phédon (69 a), en effet, abandonner un plaisir pour un autre, nefait pas de soi un ascète. Des goûts difficiles que requiert la négation des impulsions naturelles, expriment l'idéal ascétique, nous l'affirmons, seulement s'ils impliquent une interprétation qui dévalue l'existence humaine naturelle. Que Nietzsche considère la croyance dans la vérité ascétique, dans ce sens, pourrait être clair, à partir du paragraphe 344 du Gai Savoir, cité dans la troisième dissertation de la Généalogie de la morale : « Le véridique, au sens le plus hardi et le plus extrême, tel que le présuppose la foi en la science, affirme ainsi un autre monde, que celui de la vie, de la nature et de l'histoire; et, en tant qu'il affirme cet 'autre monde' », comment ne faut-il pas, par cela même, nier son antipode, ce monde, notre monde ?... » Ceci suggère que la foi dans la vérité exprime l'idéal ascétique dans la voie de la métaphysique; cette valeur est localisée dans un monde transcendant et toutefois niée dans son opposé, notre monde, le monde empirique.

Bien que l'argument de Nietzsche pour cette conclusion, ait provoqué des frustrations chez des interprètes, - Nehamas suggère que Nietzsche aurait dû partir « contre sa nature » dans un cas et expliquer bien clairement ses prémisses - il est actuellement une des choses les plusaisées qu'il n'ait jamais essayée (si nous ignorons pour le moment sa déclaration initiale au sujet de la science) de mettre dans la forme prémisses/conclusion. Sa première prémisse, de l'aveu général, obscurcie par une distinction entre la volonté de ne pas être déçu et la volonté de ne pas décevoir, est que l'inconditionnelle volonté en la vérité (l'engagement à la vérité « à tout prix ») est fondée, à la fois sur des considérations de prudence et de morale. On peut évaluer la vérité sur les fondements que les autres besoins de soi-même et ses propres intérêts sont mieux servis, en connaissant autant de vérités que possible. Ou bien on peut la considérer comme importante pour des raisons morales, d'éviter la déception d'être véridique, sans se soucier, si elle sert ses autres intérêts. Pour nier la première prémisse de Nietzsche, on a besoin d'une autre sorte de considération qui garantisse la valeur majeure de la vérité. Nous n'en connaissons aucune.

Sa seconde prémisse est que la volonté de vérité ne peut pas être basée sur des considérations de prudence. Maintenant, ceci pourrait sembler évident aux fondements analytiques. Si la volonté de vérité est inconditionnelle, comment la valeur de la vérité pourrait être conditionnéepar son service de nos autres intérêts et dépendre d'eux ? Cependant, Nietzsche fonde cette prémisse sur des considérations empiriques, sur le fait qu' « à la fois, la vérité et la non-vérité »montrentconstamment qu'elles sont utiles. Nous devons toutefois, si possible éviter d'inclure une croyance que la valeur de la vérité est non conditionnée par quelque chose d'autre comme partie du sens de la « volonté de vérité ». Nous devons interpréter cela, à la place d'un engagement à choisir la vérité par-delà la déception dans chacun et dans tous les cas, et reconnaître qu'un tel engagement découlerait d'une croyance qui est requise par quelque autre engagement. Le point rejeté par la seconde prémisse de Nietzsche, provient d'un calcul prudent, d'une croyance que nos intérêts (à long terme), (dans la joie par exemple), sont mieux servis par toujours la préférence de la vérité, dans le court programme. En argumentant contre ce point, Nietzsche présume qu'un calcul prudent serait basé sur des considérations empiriques. Parce que l'expérience constamment nous montre la valeur à la fois, de la déception et de l'ignorance, il affirme qu'on ne pourrait déduire de l'expérience, que la joie à long terme est mieux servie par la connaissance de la vérité (à tout prix), (à court terme).Toutefois, conclut Nietzsche, la volonté de vérité pourrait surgir de considérations prudentes « malgré la démonstration constante de l'inutilité et du danger qui résident dans la 'volonté de vérité', dans la 'vérité à tout prix'. » « À tout prix », hélas ! Nous savons trop bien ce que cela veut dire lorsque nous avons offert et sacrifié une croyance après l'autre[56] ! »

La volonté de vérité est toutefois, un engagement moral, disant la vérité, sans souci de son utilité à long terme. Mais d'où dérive la valeur majeure, en disant la vérité ? Comme la seconde prémisse de l'argument de Nietzsche pour la conclusion, au-dessus, exclut, en dérivant sa valeur de sa connexion au monde naturel, c'est-

....

56 NIETZSCHE.- Le Gai Savoir 344.

à-dire, de sa convenance pour des intérêts épanouissants ou des objectifs que nous avons comme êtres naturels. Il conclut que la valeur de non-vérité doit dériver de sa connexion présumée à un autre monde. Ceci veut dire comment nous pouvons interpréter sa déclaration qui dit que « le véridique, au sens le plus hardi et le plus extrême, tel que le présuppose la foi en la science, affirme ainsi un autre monde[57]. » Non que ceux qui possèdent la volonté de vérité, croient que cette valeur est dérivée d'un tel monde métaphysique - car ils sont tous « les impies et les antimétaphysiciens » mais que leur engagement en la vérité donne un sens seulement comme un ajout à la croyance dans un monde métaphysique, à la foi de Platon que « la vérité est divine. »

Mais pourquoi ne doit-on pas accepter la valeur morale de la véracité, en déniant qu'il y a un autre monde ? C'est précisément ce que les antimétaphysiciens et les impies de Nietzsche et les croyants dans la vérité essayent de faire. Nietzsche déclare-t-il que leur position est incohérente ? Le paragraphe 344 du Gai Savoir, semble impliquer cela, mais Nietzsche n'est pas engagé à ce point de vue dans la 3è dissertation de la Généalogie de lamorale, qui mentionne (seulement en notant le paragraphe 344 du Gai Savoir, mais ne développe plus la volonté de l'affirmation de la vérité dans un autre monde. La 3è dissertation de la Généalogie de la morale renforce le point du paragraphe 344 du Gai Savoir–« nous qui cherchons aujourd'hui la connaissance, nous les impies et les antimétaphysiciens, nous empruntons encore notre feu à l'incendie qu'une foi vieille de mille années a allumé, cette foi chrétienne qui fut aussi la foi de Platon et qui admettait que Dieu est la vérité et que la vérité est divine... »– enreformulant cela comme une déclaration que la croyance en la vérité est « la foi en une valeur métaphysique, en une valeur par excellence de la vérité, valeur que seul l'idéal ascétique garantit et consacre[58]. » Ensuite, l'attaque de Nietzsche de la foi dans la vérité, sera dirigée

....

57 NIETZSCHE.- Le Gai Savoir 344.

58 NIETZSCHE.- La Généalogie de la morale III, 24.

contre la vérité des doctrines scientifiques. Vaguement, il ne semble pas plausible que la vérité de la théorie de l'évolution de Darwin, par exemple, dépende de la condition ou non que la vérité ait une valeur absolue. Nous ne pouvons pas avoir de raison pour attribuer un tel point de vue invraisemblable à Nietzsche.

Ensuite, peut-être, Nietzsche signifie-t-il que la pratique de la science présuppose la croyance en la vérité, dans un sens, qu'on n'aurait aucune raison (ou peut-être, aucune motivation) pour entreprendre la recherche scientifique, si on n'accepte pas la vérité comme une valeur majeure. Mais on ne peut s'engager dans toutes sortes de recherche scientifique pour des raisons de prudence, qui incluent la joie propre, et Nietzsche le sait clairement. Dans une section antérieure du Gai Savoir, il rend cela explicite : « Même sans cette nouvelle passion – j'entends la passion de la connaissance – la science progresserait : jusqu'à présent elle s'est accrue et est devenue grande sans celle-ci[59]. » Nietzsche continue de mentionner d'autres intérêts divers, qui servent à la science (et peuvent continuer de servir) : des intérêts dans le plaisir, l'honneur, la subsistance, l'empêchement de l'ennui, le salut, et la vertu. Plus loin, la troisième dissertation, explicitement, distingue entre ceux qui ont la foi dans la vérité, « ces cas exceptionnels…ces derniers idéalistes qui soient aujourd'hui, en qui réside et s'incarne la conscience intellectuelle[60] », et la majorité des scientifiques et des savants qui peuvent « travailler rigoureusement dans les sciences » et qui n'ont encore pas d'idéaux du tout[61].

Toutefois, ni la vérité, ni la pratique de la science, ne présupposent une croyance dans la valeur absolue de la vérité, et nous avons une petite raison de penser que Nietzsche croit qu'ils le font. Nous devons chercher une interprétation qui soit une alternative à la déclaration de Nietzsche, que la science présuppose la foi dans la vérité. Nietzsche nous aide, quand ilformule la

---

59 NIETZSCHE.- *Le Gai Savoir*, 123.

60 NIETZSCHE.- *La Généalogie de la morale*, III, 24.

61 NIETZSCHE.- *La Généalogie de la morale*, III, 23.

seconde prémisse de son argument dans le paragraphe 344 du *Gai Savoir* (analysé plus haut) comme une négation que « la foi dans la science » peut devoir son existence, à un calcul utilitariste. Pour être en parallèle avec ce que Nietzsche signifie par « foi dans la vérité », la foi dans la science, pourrait être une foi ou une acceptation, non questionnée de l'importance majeure d'être scientifique, dans la formation de sa propre croyance. Il semble toutefois raisonnable de conclure que « la dernière expression de l'idéal ascétique » n'est pas la pratique de la science, ni la croyance, en sa capacité de nous informer de la vérité, mais la foi dans la valeur absolue de la vérité, que Nietzsche met en équation avec la foi, dans l'importance majeure d'être scientifique.

Cette foi, que Nietzsche proclame « existence indéniable », est un idéal partagé par la plupart des intellectuels contemporains (les savants « **Erkennenden** », avec qui Nietzsche commence la discussion dans la *Généalogie de la morale*) et, par quelque extension, à la culture de la civilisation occidentale moderne. Le paragraphe 344 du *Gai Savoir* commence par un exposé, sur ce qui doit être scientifique : abandonner ses propres convictions, c'est-à-dire, traiter ses propres croyances commedes hypothèses ouvertes au rejet, dans la lumière de l'évidence courante et future. Nous n'avons pas besoin d'interpréter ceci, d'une façon non sophistiquée, comme proclamant, par exemple, que l'être scientifique, requiert de nous, d'abandonner une croyance, si une conclusion expérimentale lui est inconsistante. Cela est presque compatible avec le traitement de Nietzsche de nos croyances, comme une toile interconnectée, dans laquelle une croyance spécifique peut toujours être retenue dans la lumière de l'évidence, si nous faisons assez d'ajustements avec d'autres croyances. Cependant, si nous nous engageons nous-mêmes par avance, à maintenir une croyance particulière, quoi qu'il arrive d'évidence, quoi qu'il arrive d'autre que nous devons abandonner, nous ne serons certainement pas des scientifiques, à ce sujet. On pourrait, peut-être, tenir sous le titre de « scientifique », tandis que, insistant qu'il n'y ait pas une insuffisante évidence empirique, d'accepter la théorie évolutionniste. Mais un biologiste qui rejette l'évolution, pour des raisons explicitement religieuses, et est engagé, à sa négation, quelle que soit l'évidence, doit montrer certainement qu'il est accusé d'échec, à agir comme un scientifique. Un scientifique, en tant que tel, est une personnequi doit être sans engagement, qui est ouverte à réviser ses croyances, à la lumière de l'évidence courante et future.

Nietzsche semble être en train de déclarer que cette exigence pour être scientifique, est à présent, devenue une idée culturelle plus large. Un non scientifique, qui rejette l'évolution des fondements religieux, est aussi critiqué, par beaucoup de personnes, comme « anti-scientifique », et ceci est une critique en son endroit comme personne, et non comme scientifique. Quand Nietzsche appelle « l'esprit scientifique[62] » - ouverture pour réviser ses croyances propres dans la lumière d'une évidence courante et future – cela constitue un idéal pour la personne humaine, et est acceptée, par une importante partie du monde occidentale, mais agit comme une force opposée et importante, à l'idéal de soumission, à l'autorité religieuse. Nietzsche est en train de proclamer que cet idéal, implique un engagement en la valeur absolue de la vérité, qui repose sur l'idéal ascétique. Ceci serait incohérent si Nietzsche ne niait pas que la science nous donne la vérité. Nietzsche traite comme interchangeable l'idéal d'être scientifique et l'engagement à une valeur majeure de la vérité,seulement parce qu'il pense à ce que la science (recherche qui accepte la pertinence du témoignage du sens), nous donne quelque soit la vérité quenous avons.

Professer l'idéal et lui faire la fête, sont deux façons différentes, naturellement. Bien que professé par beaucoup, l'exposé de Nietzsche, dans la foi en la vérité, est possédé seulement par quelques rares et nobles exceptions[63], « ces esprits, durs, sévères, abstinents, héroïques, qui sont l'honneur de notre temps[64]».

....

62 NIETZSCHE.- *Le Gai Savoir* 344.

63 NIETZSCHE.- *La Généalogie de la morale*, III, 23.

64 NIETZSCHE.- *La Généalogie de la morale*, III, 24.

L'admiration de Nietzsche pour ces personnes, et l'identification en la vérité qu'il fait avec les croyants, semble évidente, spécialement depuis qu'il les appelle aussi « athées, antéchrists, immoralistes[65] ». En fait, Nietzsche peut se considérer lui-même, seul dans la possession de la foi dans la vérité, pleinement, depuis qu'on peut être ouvert, à réviser toutes ses croyances à la lumière de l'évidence, seulement si, on est en train de vouloir questionner la valeur de la vérité. Et Nietzsche, évidemment, pense être le premier à le faire, parmi ceux quipoursuivent la vérité. Ceux qui possèdent la foi à un plus bas degré, sont ceux que le Nietzsche de la troisième dissertation de la _Généalogie de la morale_ nomme, penseurs - athéistes et antimétaphysiques - et qui sont les héritiers du siècle des Lumières, par exemple, Voltaire, Hume, et ceux que le Nietzsche de _Humain trop humain_ (originellement dédié à Voltaire), appelle peut-être aussi scientifiques comme Newton et Darwin. Ces penseurs aidèrent à détruire les fondements métaphysiques et cosmologiques de l'idéal ascétique, en trouvant des explications naturalistes qui, soit, entrent en conflit avec les exposés de la religion, soit, les rendent intellectuellement superflus. À un moindre degré, la « philosophie moderne toute entière » depuis Descartes, peut être considérée comme appartenant à ce groupe. « Au fond », proclame Nietzsche, elle cherche « à s'attaquer à la vieille notion d'âme...postulat fondamental de la doctrine chrétienne. La philosophie moderne, étant donné qu'elle est sceptique à l'égard de la connaissance et de sesméthodes, est plus ou moins ouvertement antichrétienne, bien que nullement antireligieuse pour des oreilles plus sensibles aux nuances[66]. »

Nietzsche nie que la philosophie moderne soit antireligieuse, précisément parce qu'elle travaille sous l'influence de l'idéal ascétique. Dans la section précédente de _Par-delà le bien et le mal_, au paragraphe 53, il répond à sa propre question « Pourquoi l'athéisme aujourd'hui ? » avec une insistance que « l'instinct

....

65 NIETZSCHE.- _La Généalogie de la morale_, III, 24.

66 NIETZSCHE.- _Par-delà le bien et le mal_ 54.

religieux est en pleine recrudescence – mais qu'il ne se satisfait pas du théisme et le rejette avec une profonde méfiance[67] », précisément parce qu'il continue de suggérer la philosophie moderne. La section conclusive de l'analyse sur la croyance en la vérité de *la Généalogie de la morale*, nous dit que le refus de la « satisfaction théiste », est dû à l'idéal ascétique : « Partout ailleurs, dès que l'esprit est à l'œuvre avec sérieux, avec énergie et sans faux monnayage, il se passe absolument d'idéal, - l'expression populaire de cette abstinence est 'athéisme' - : à cela près qu'il veut la vérité.

Mais cette volonté, ce reste d'idéal est, si l'on veut n'en croire, cet idéal même sous la forme la plus rigoureuse, la plus spiritualisée, la plus purement ésotérique, la plusdépouillée de toute enveloppe extérieure; elle est par conséquent moins un reste que le noyau solide de cet idéal. L'athéisme absolu, loyal (- et c'est dans son atmosphère que nous respirons à l'aise, nous autres esprits spirituels de ce temps) ! N'est donc pas en opposition avec cet idéal, comme il semble au premier abord; il est au contraire seulement une phase dernière de son évolution, une de ses formes finales, une de ses conséquences logiques, - il est la catastrophe, qui impose le respect, d'un entraînement deux fois millénaire à la vérité, qui, en fin de compte, s'interdit le mensonge de la foi en Dieu[68]. »

C'est la solution sur laquelle Nietzsche risque sa réputation de solutionneur de puzzle : cet athéisme lui-même (qui doit être compris pour inclure le rejet de tous les mondes métaphysiques) s'est épanoui, en prenant « le concept de véridique…de plus en plus strictement[69] », et est un produit ultime de l'idéal ascétique de la religion traditionnelle. L'ultime produit de la tradition du théisme est de nier soi-même, le confort et la satisfaction de la croyance en Dieu. Ceci n'a rien à voir avec le rejet del'existence

……………………

67 NIETZSCHE.- *Par-delà le bien et le mal* 53.

68 NIETZSCHE.- *La Généalogie de la morale*, III, 27.

69 NIETZSCHE.- *La Généalogie de la morale* III, 27.

de vérité. Parce que Nietzsche, explicitement, appelle le dernier « mensonge », il doit accepter comme la vérité, ce que la volonté de vérité a façonné.

Ensuite, pourquoi a-t-il un problème avec cela ? Son problème est que « l'aspect le plus intime et le plus terrifiant de la question concernant la signification de cet idéal[70] », est révélé par le fait que la volonté de vérité est sa dernière expression. Il est terrifiant de commencer avec elle, parce qu'elle atteste de son pouvoir incroyable en l'idéal ascétique et de son manque d'alternative. Si le siècle des Lumières tout entier s'attaque à Dieu, à la métaphysique et à l'ascétisme, il est lui-même inspiré par l'idéal ascétique. Quel espoir aurons-nous d'échapper à son influence ? Et, le pouvons-nous ?

La réponse de Nietzsche est suggérée par le paragraphe 55 de _Par-delà le bien et le mal_, le passage qui suit et que nous avons cité plus haut sur la philosophie moderne. Il écrit qu' « il y a toute une échelle de la cruauté religieuse, avec beaucoup d'échelons », une échelle à trois marches, dont il discute ensuite. D'abord, c'étaient des êtres humains que l'on sacrifiait àson dieu, par exemple, les sacrifices du premier-né à son dieu. « Puis, à l'époque morale de l'humanité, on sacrifia à son dieu ses instincts les plus vigoureux, sa 'nature' ; l'allégresse de cette fête brille dans le regard cruel de l'ascète, qu'enthousiasme la « contre-nature ». Enfin que restait-il encore à sacrifier ? Ne fallait-il pas enfin immoler toute consolation, toute sainteté, tout salut, toute espérance, toute croyance en une harmonie cachée, en des béatitudes et en une justice à venir ? Ne fallait-il pas sacrifier Dieu lui-même et, par cruauté contre soi, adorer la pierre, la sottise, la pesanteur, le destin, le néant ? Sacrifier Dieu au néant - ce mystère paradoxal de la suprême cruauté était réservé à la génération d'aujourd'hui : nous en savons tous quelque chose[71]. »

....

70 NIETZSCHE.- _La Généalogie de la morale_ III, 23.

71 NIETZSCHE.- _Par-delà le bien et le mal_ 55.

Aux deux premières époques, le sacrifice n'est pas « pour rien », dès qu'on reçoit en retour l'espérance de la fortune et des faveurs, « bénédictions futures et justices ». L'idéal ascétique sauvait la volonté d'un suicide nihiliste - aidait les êtres humains à trouver la vie qui vaut la peine d'être vécue - bien qu'elle nie la valeur intrinsèque de cette vie, parce qu'elle leur donnait quelque chose à vouloir, quelque chose à espérer ettravaille dans ce sens (une négation distinguée de cette vie, telle le ciel ou le nirvana). Quand la volonté de vérité abandonne Dieu « pour le néant », l'idéal ascétique n'accomplit plus cette fonction encourageant la vie. Les êtres humains les plus spirituels, à présent, offrent seulement un idéal qui inspire encore, passion, amour, et privation, selon Nietzsche, à celui qui est en face de la vérité. Mais cet idéal de vérité, détruit toute chose qui était encouragement à la vie, dans l'idéal ascétique - toutes les espérances et tous les buts et visions rédempteurs - et ne met rien à la place, ni une nouvelle manière d'affirmer la valeur de la vie, ni (ce qui est nécessaire pour cela) un idéal qui distingue le valable de ce qui n'est pas valable en cette vie. Au lieu de sauver la volonté du suicide nihiliste, elle encourage le nihilisme « le grand dégoût, la volonté du néant que Nietzsche déclare qu'il devait forcément en sortir et nous délivrer de l'idéal actuel[72]. »

C'est pourquoi la volonté de vérité nous apporte « l'aspect le plus ultime et terrifiant » de l'idéal ascétique et pourquoi Nietzsche considère cela comme son fond[73], et pas beaucoup le reste de cet idéal. Le centrede l'idéal ascétique, selon la section conclusive de la Généalogie de la morale, est une volonté dirigée contre la vie. Cette volonté est agie, initialement, en dévaluant la vie, en niant sa valeur intrinsèque et la faisant une vraie signification de sa propre négation. Dans cette phase, la volonté exprimée par l'idéal ascétique, sert actuellement, à une fonction encourageant la vie. Mais quand la volonté dirigée contre la vie devient la volonté de

72 NIETZSCHE.- La Généalogie de la morale II, 24.

73 NIETZSCHE.- La Généalogie de la morale, III, 27.

vérité, elle détruit « ce qui est exotérique dans cet idéal[74] », non l'idéal dévaluant la vie ou l'auto-négation, mais seulement les aspects d'elle qui entrent en conflit avec ce centre, sa satisfaction, son confort, et toutefois ses extérieurs encourageant la vie. Nietzsche, toutefois, voit dans la volonté de vérité « à tout prix », la forme la plus pure de la volonté du néant, la volonté dirigée contre la vie, contre toute chose qui fait que la vie humaine vaille la peine d'être vécue, dépouillée de ce qui lui permet de servir la vie.

16. Seizième section : le dépassement de l'idéal ascétique

L'ayant exposé comme le vrai centre de l'idéal ascétique, Nietzsche finit sa discussion de la volonté de vérité, en prédisant ce qui va dépasser cetidéal : « Toutes les grandes choses périssent par elles-mêmes, par un acte d' 'autosuppression'; ainsi le veut la loi de la vie, la loi du nécessaire 'dépassement de soi-même' dans l'essence de la vie - toujours pour le législateur lui-même, qui finit par retenir l'arrêt « **patere legem quam ipse tulisti** ». C'est ainsi que le christianisme, en tant que dogme a été ruiné par sa propre morale; aussi le christianisme, en tant que morale, doit aller à sa ruine, - nous sommes au seuil de cet événement. L'instinct chrétien de vérité, de déduction en déduction, d'arrêt en arrêt, arrivera finalement à sa déduction la plus forte, à sa conclusion contre lui-même; mais ceci arrivera quand il se posera la question : » Que signifie toute volonté de vérité[75] ? »

Elle signifie que l'idéal ascétique (la moralité du christianisme) se dépassera elle-même, quand ses derniers et plus nobles adeptes, ceux qui sont le plus engagés à la vérité, se demanderont la raison de la vérité, c'est-à-dire, la justification et la motivation de leur poursuite de la vérité « à tout prix ». La réponse de Nietzsche à cette question - cet engagement à l'idéal ascétique, qui est à la base de leur volonté de vérité, - doit initier leurpropre dépassement. En découvrant la vérité elle-même, elle exprime l'idéal ascétique, la

74 NIETZSCHE.- La Généalogie de la morale III, 25.

75 NIETZSCHE.- La Généalogie de la morale III, 27.

volonté de vérité dépasse l'idéal ascétique. Notre intérêt dans cette section, est de comprendre ce que ce dépassement implique, et ce qu'il nécessite par l'analyse de Nietzsche de la volonté de vérité. Nous sommes particulièrement intéressés par Nietzsche qui croit que la volonté de vérité doit se dépasser elle-même pour surpasser l'idéal ascétique.

Si la volonté de vérité se dépasse vraiment elle-même, nous savons au moins que ceci n'implique pas une négation ou une atténuation du sens qui communique quelques croyances vraies et d'autres, fausses. Comme nous l'avons argumenté longuement, il n'est pas question ici, de l'existence de vérité, mais la vérité est présupposée dans l'argument de Nietzsche, du commencement à la fin. Il ne s'agit pas non plus de la nature de la vérité, dans les préoccupations de Nietzsche. Ceux qui servent d'exemple à la volonté de vérité, sont les « antimétaphysiciens athées », qui ont déjà rejeté la théorie métaphysique correspondante. La troisième dissertation de *la Généalogie de la morale* ne nous donne aucune raison, pour croire que nous devons continuer à reconnaître, que la vérité est incomplète, partiale, révisable, ou quelque chose d'autre, le long de ces lignes. La volonté devérité est un engagement à la valeur majeure de la vérité, à la vérité à tout prix. Le dépassement de la volonté de vérité voudrait signifier, dépassement de cet engagement à la vérité. Cependant, cela est loin d'être clair, car ceci impliquerait comment la vérité au sujet de la volonté de vérité dépasserait à la fois, la volonté de vérité et l'idéal ascétique.

Une possibilité est que l'analyse de Nietzsche de la volonté de vérité, conduit à la réalisation que les êtres humains, ne doivent pas, en fait, évaluer la vérité, pour son propre égard. Un passage que nous avons déjà noté dans le *Gai Savoir* déclare que c'est quelque chose de nouveau que la connaissance veut être regardée comme « un peu plus qu'un vrai moyen[76]. ». Dans le passé, Nietzsche a déclaré que la science (qui est clairement interchangeable avec la « connaissance » dans ce passage) était évaluée seulement comme

....

76 NIETZSCHE.- *Le Gai Savoir* 123.

un moyen de joie, de vertu, de salut, et de fins ordinaires. Ceci est encore largement la raison pour laquelle la connaissance est voulue, et que la <u>*Généalogie de la morale*</u> sous-entend que ce gain de la vérité serve un ou plusieurs intérêts tels que, le plaisir, lasurvie, la santé, la puissance terrestre, ou l'échappée de l'ennui[77]. Naturellement, dans ces cas, la vérité sera recherchée seulement jusqu'à un certain point qui semble favorable à la satisfaction de ces autres intérêts. On abandonne une joie de courte portée pour l'amour de la vérité seulement jusqu'à un certain point, le fait d'agir alors, contribue à une puissance de longue portée, la santé, ou le salut, ou tout ce que vous voulez. Ceci ne nous donne pas encore ce que Nietzsche appelle la « volonté de vérité. »

Avec le triomphe de la science moderne, d'un autre côté, nous trouvons des cas où des personnes semblent vouloir sacrifier toute chose à la vérité, et toutefois, ne semblent pas la rechercher, à cet égard. Le savoir vient à être regardé comme une valeur autonome et inconditionnelle, c'est-à-dire, comme ayant une valeur qui est indépendante de son service aux autres intérêts. Un point majeur de l'analyse de Nietzsche de la volonté de vérité (l'équivalent de « la passion de connaître » mentionnée dans le paragraphe 123 <u>*du Gai Savoir*</u>) est de nier précisément cela. Bien que les êtres humains puissent paraître la rechercher solitairement à cet égard, ilsle font actuellement hors de leur engagement antérieur à l'idéal ascétique. Le résultat est que, selon Nietzsche, la passion pour la connaissance ou la vérité est toujours subordonnée aux autres passions.

Cette interprétation semble correcte, mais elle n'explique pas pourquoi la volonté de vérité, l'engagement à la vérité « à tout prix » doit se surpasser lui-même ou surpasser l'idéal ascétique. Si nous acceptons l'exposé de Nietzsche, nous devons admettre que la vérité n'est pas une valeur autonome toujours recherchée à cet égard ou recherchée pour quelque chose d'autre. Elle ne passe

....

77 NIETZSCHE.- <u>*la Généalogie de la morale*</u> III, 23 ; cf. <u>*Par-delà le bien et le mal*</u> 6.

pas outre ce que l'idéal ascétique demande naturellement, mais selon Nietzsche, les demandes de cet idéal sont mieux servies, par l'engagement à la vérité à tout prix. Quand elle comprend la vérité à partir d'elle-même, pourquoi la volonté de vérité ne peut-elle pas affirmer sa dépendance de l'idéal ascétique et se réaffirmer à la fois elle-même et certifier cet idéal ? Après tout, ceux qui avec la foi dans la vérité, se sont battus seulement contre les formes extérieures de l'idéal ascétique, et non contre son centre intérieur (son évaluation de base[78]), ont reconnu une fois la valeur de leur engagement de base en la vertu d'auto-négation.Alors, pourquoi l'affirmation en cette évaluation n'est-elle pas une possibilité ?

Le passage de l'auto-dépassement de l'idéal ascétique, rend évident que Nietzsche exclut cette possibilité, mais pour quelle raison ? Même si, comme Hume, ils ont ridiculisé « les vertus de la négation », elle n'est pas claire la raison pour laquelle, ils ne pouvaient pas repenser leurs positions une fois qu'ils ont reconnu la dépendance de la volonté de vérité avec l'idéal ascétique, et affirmé à la fois volonté et idéal.

Notre suggestion est que si on accepte l'exposé complet de Nietzsche sur la volonté de vérité, on doit affirmer que l'idéal ascétique est une possibilité logique, et non psychologique. Des êtres pourraient-ils avoir rejeté le théisme et les « autres mondes » et accepté avec Nietzsche que la réalité seulement démontrable est celle qui est révélée par la recherche empirique et qui réellement embrasse l'auto-négation comme sa valeur de base ? Cela ne semble pas que des êtres purement naturels peuvent être motivés par la valeur d'auto-négation, excepté comme un moyen, à la satisfaction des autres désirs. Pour endosser cette réponse,cependant, Nietzsche doit accepter que, même ceux qui sont engagés à la vérité, ont évalué leur auto-négation seulement comme un moyen de quelque chose d'autre. L'auto-négation a été évaluée, pense-t-il, parce qu'elle donne un sens de pouvoir.

....

78 NIETZSCHE.- La Généalogie de la morale III, 27.

Quel est, ensuite, le destin de la volonté de vérité ? Si des croyants dans la vérité, reconnaissent la dépendance de leur engagement à un idéal, qu'ils ne peuvent plus affirmer, doivent-ils rejeter cet engagement ? Si cela semble évident, qu'ils le doivent. Cela est remarquable que Nietzsche ne se réfère jamais à l'auto-dépassement de la véracité, soit dans le paragraphe III de *la Généalogie de la morale* , soit dans les autres textes variés, qui se réfèrent à l'auto-dépassement de la moralité (l'idéal ascétique), à la véracité[79]. Au contraire, des travaux antérieurs et (spécialement) ceux après *la Généalogie de la morale*, contiennent aussi de nombreux passages, dans lesquels la véracité et l'honnêteté, dans le sens de la conscience intellectuelle, sont présentées comme indispensables, autant de qualités que Nietzsche admire, chez des personnes de valeur.

Dans un passage intitulé « la conscience intellectuelle », Nietzsche nous dit qu'il sent le manque chez un être méprisable, »mais que m'importent la bonté du cœur, la finesse et le génie, lorsque l'homme qui possède ces vertus, tolère en lui des sentiments tièdes, à l'égard de la foi et du jugement, si le besoin de certitude n'est pas en lui le désir le plus profond, la nécessité la plus intime, - mais cela est ce qui sépare les hommes supérieurs des hommes inférieurs[80] ! »

Depuis qu'il a rejeté le cartésianisme, Nietzsche doit signifier, que ceux qu'il admire, sont engagés à être aussi sûrs qu'ils le peuvent, pour que leurs croyances soient vraies. Comme Kaufmann le fait remarquer, (contre ceux qui pensent que Nietzsche a l'intention de dépasser la volonté de vérité), Nietzsche n'a jamais abandonné son attitude[81]. Considérons ce qu'il a dit au sujet de la recherche de la vérité, dans l'un des livres qu'il a écrit, après la *Généalogie de la morale*. Se demandant si « la félicité – ou

....

79 Par exemple *Ecce Homo* IV, 3 ; *Aurore*, paragraphe 4.

80 NIETZSCHE.- *Le Gai Savoir* 2.

81 KAUFMANN (Walter). - *Nietzsche: Philosopher, Psychologist, Antichrist*, Third ed. (Princeton, N.J. : Princeton University Press, 1968), p. 585.

parlant plus techniquement du plaisir – n'(est) jamais une preuve de la vérité », Nietzsche écrit : « L'expérience de tous les esprits sérieux et profonds, enseigne le contraire. On a dû conquérir par la lutte chaque parcelle de la vérité, on a dû sacrifier tout ce qui nous tient à cœur, tout ce qu'aiment notre amour et notre confiance en la vie. Il faut avoir pour cela de la grandeur d'âme : le service de la vérité est le service le plus dur[82]. »

Il y a deux passages importants, tirés de Ecce Homo, qui donnent le même message. L'un nous enseigne que la raison la plus importante pour laquelle Nietzsche nomme son alter ego fictif « Zarathoustra » (Zoroastre), est que « Zarathoustra est le plus véridique de tous les penseurs. Sa doctrine, la seule, présente la vérité comme la vertu supérieure - c'est-à-dire qu'elle s'oppose à la lâcheté de l'"idéalisme'qui prend la fuite devant la réalité; Zarathoustra a plus de courage naturel que tous les penseurs réunis. Dire la vérité, savoir bien tirer à l'arc, c'est là la vertu perse.- Me comprend-on ?...La victoire de la morale sur elle-même, par vérité, la victoire du moraliste sur lui-même, pour aboutir à son contraire, à moi, c'est cela que signifie dans ma bouche le nom de Zarathoustra[83]. »

Si cela laisse toute possibilité ouverte, Ecce Homo met fin à ce que Nietzsche pourrait penser de la volonté de vérité, éventuellement, son autodépassement. Dans un passage antérieur, il écrit « le degré de vérité que supporte un esprit, la dose de vérité qu'un esprit peut oser, c'est ce qui m'a servi de plus en plus à donner la véritable mesure de la valeur. L'erreur (-la foi en l'idéal -), ce n'est pas de l'aveuglement; l'erreur, c'est la lâcheté...Toute conquête, chaque pas en avant dans le domaine de la connaissance, est la conséquence du courage, de la dureté à l'égard de soi-même, de la propreté vis-à-vis de soi-même. »

....

82 NIETZSCHE. - L'Antéchrist 50.

83 NIETZSCHE. - Ecce Homo, IV, 3.

De tels passages ont conduit Kaufmann[84] à conclure que Nietzsche ne s'oppose pas à la volonté de vérité, mais seulement au non questionnement de la foi dans la (valeur capitale) de la vérité. Beaucoup de lecteurs trouvent cela invraisemblable. L'échec à la question de la valeur de la vérité, semble être un dernier vestige d'auto-indulgence, vu que Nietzsche, évidemment s'oppose à l'idéal entier d'auto-négation dont la volonté de vérité est une expression. Cela est l'interprétation de Kaufmann sur la question.

Mais, Kaufmann et ses adversaires, affirment que la volonté de vérité et l'idéal ascétique, vont ensemble, comme si Nietzsche, s'attaquant à l'un, devait s'opposer à l'autre. Nietzsche semble vraiment supporter cela dans la troisième dissertation de *la Généalogie de la morale*, au paragraphe 25, quand il déclare : « Si l'on cherche à estimer la valeur de l'idéal ascétique, on est forcément amené à estimer la valeur de la science. ». Cependant, nous prenons cet argument pour signifier seulement qu'une dépréciation de l'idéal ascétique, rendrait impossible la valeur de la vérité comme une garantie.

Cela rend impossible d'un côté comme de l'autre l'explication de l'engagement évident de Nietzsche pour la vérité d'une manière adéquate et de son attaque également de l'idéal ascétique.

Au regard de l'incompatibilité entre l'analyse de Nietzsche de la volonté de vérité comme une expression vraiment intérieure d'une idée qu'il rejette, et son éloge pour l'engagement pour la vérité dans le service d'un autre idéal, une alternative véritable à l'idéal ascétique - bien qu'il rejette, mêmeKaufmann, - ceci est l'hypothèse non questionnée de la valeur capitale de la vérité.

L'hypothèse non questionnée de la valeur vraie de la vérité, est nécessaire, précisément parce qu'elle garde cachée, du point de vue de la dépendance d'un engagement à la vérité de l'idéal ascétique. Le dépassement de la foi dans la vérité, est toutefois une condition préalable, nécessaire et causale, pour le dépassement de

....

84 KAUFMANN (Walter). - *Nietzsche: Philosopher, Psychologist, Antichrist*, Third ed. (Princeton, N.J.: Princeton University Press, 1968), p. 585 et suivants.

l'idéal ascétique. Mais la volonté ou l'engagement à la vérité, peut exister sans l'aspect non questionné qui la ferait croyance dans la vérité.

Donnant mon interprétation de l'analyse de Nietzsche de la volonté de vérité, il s'en suit qu'il ne peut pas plaider en faveur de la recherche, hors de l'engagement à l'idéal ascétique. Mais quelles sont les alternatives ? Si nous ne pouvons pas rechercher la vérité pour son propre égard, nous devons, soit abandonner la recherche de la vérité, ensemble, soit la rechercher pour l'égard de quelque chose d'autre. La première ne semble pas une option sérieuse pour les gens que Nietzsche a en mémoire. Comment quelqu'un comme Nietzsche serait-il capable, lui qui a voué savie à la recherche de la vérité, de ne pas décider de prendre soin encore de la vérité ? Spécialement à la vue de son option pour « la conscience intellectuelle » et le « service de la vérité[85] », ceci n'est pas une lecture vraisemblable de son espoir pour les « derniers et seuls idéalistes de la connaissance, en qui réside et s'incarne la conscience intellectuelle aujourd'hui[86]. »

La seconde option admet deux possibilités différentes : la première possibilité est celle qui consiste à poursuivre la vérité, la seconde celle qui abandonne l'engagement à la vérité ou qui trouve un nouvel idéal, à cet égard, auquel on peut rester engagé à la vérité. Prendre cette première option, c'est abandonner son propre idéalisme, celui de regarder la connaissance et de rejoindre la vaste majorité de savants qui, les uns comme les autres, souffrent de ce que Nietzsche appelle « l'inquiétude même du manque d'idéal, la douleur du manque d'un grand amour[87], » ou qui apprennent à placer leur principal intérêt « quelque part d'autre » - dans la famille, l'argent, la politique, la réputation, etc.[88]... » Mais ceci ne peut pas être la recommandation de

....

85 NIETZSCHE.- *Le Gai Savoir* 2.

86 NIETZSCHE.- *L'Antéchrist* 50.

87 NIETZSCHE.- *La Généalogie de la morale* III, 24.

88 NIETZSCHE.- *La Généalogie de la morale* III, 23.

Nietzsche aux « derniers idéalistes ». La seule alternative que nous pouvons trouver, est qu'il espère que la volonté de vérité conduira ces idéalistes à voir la nécessité pour un nouvel idéal, un idéal qui requiert le service d'un engagement à la vérité. Une foi étourdie dans la vérité, la volonté de vérité devrait être abandonnée, mais pas un engagement à la vérité.

Cette interprétation, non seulement, donne un sens à ce que Nietzsche dit, à la fois, du service de la vérité et de l'idéal ascétique, mais est aussi supportée par tout son point de vue sur l'idéal ascétique. Le titre de la 3è dissertation de la *Généalogie de la morale* demande : « Quel est le sens des idéaux ascétiques ? » Quand il commence son analyse de la volonté de vérité, Nietzsche clarifie la question, par ce qui suit : « Que signifie la puissance de cet idéal, sa monstrueuse puissance ?Pourquoi lui a-t-on cédé tant de terrain ? Pourquoi ne lui a-t-on pas opposé plus de résistance ? L'idéal ascétique exprime une volonté : où se trouve la volonté adverse en qui s'exprimerait un idéal adverse[89] ? »

Selon l'exposé de *Ecce Homo* de cet essai, la 3è dissertation de *la Généalogie de la morale* répond à la question citée plus haut en disant : « Avant tout, un contre-idéal faisait défaut, jusqu'à l'apparition de Zarathoustra.[90] »Nietzsche, sans aucun doute, exagère en déclarant qu'il n'y a eu aucune résistance, depuis que *la Généalogie de la morale*, elle-même[91], suggère que la Renaissance a fourni un idéal opposé. Mais le point principal de Nietzsche demeure : nous n'avons eu aucun idéal, étendu culturellement, qui pourrait fonctionner comme une alternative à l'idéal ascétique. Le point de son analyse de l'idéal ascétique est que, nous avons besoin d'un contre-idéal, que nous avons besoin de ce que Zarathoustra livre (ce à quoi Nietzsche fait allusion à la fin de la deuxième dissertation de *la Généalogie de la morale)*. Son analyse de la volonté de vérité est désignée pour nous montrer, non pas que

89 NIETZSCHE.- *Par-delà le bien et le mal* 6.

90 NIETZSCHE.- *Ecce Homo* III, *La Généalogie de la morale.*

91 NIETZSCHE.- *La Généalogie de la morale* I, 16.

nous devons dépasser la volonté de vérité, mais que nous avons besoin de quelque chose que la volonté de vérité ne peut pas nous livrer elle-même, un nouvel idéal que cette volonté serve : « Non ! Qu'on ne m'oppose pas la science quand je cherche l'antagonisme naturel de l'idéal ascétique, quand je demande : 'Où est la volonté adverse en qui s'exprime un idéal adverse ?' Pour un tel rôle, la science est loin d'être assez autonome, elle a besoin elle-même, en tout état de cause, d'une valeur idéale, d'une puissance créatrice de valeurs qu'elle puisse servir et qui lui donne la foi en elle-même, elle ne crée aucune valeur[92]. »

Ceci n'est pas une objection à la science, mais l'échec de la science d'avoir réussi à réaliser le nouvel idéal nécessaire.L'idéal proposé par Nietzsche surprendra quelques-uns, par avance, car il idéalise l'affirmation plutôt que la négation du soi et de la vie. Comme nous l'avons indiqué plus haut, Nietzsche semble prendre comme mesure de valeur, ce qui est « propagation et conservation de la vie, conservation, peut-être même amélioration de l'espèce.[93] » Si cet engagement à la vérité entrait en conflit avec l'affirmation de la vie, ou la promotion de ses intérêts, Nietzsche aurait à considérer la vie comme la plus grande valeur. Mais il est difficile de voir comment cet engagement à la vérité, entrerait en conflit avec son affirmation à la vie. On peut seulement affirmer la vie aussi largement qu'on connaît la vérité à son sujet - autrement on affirme ses propres illusions au sujet de la vie, non la vie elle-même[94]. La personne affirmant le plus la vie, serait toutefois celle qui trouve toujours la valeur à la vie devant le plus de vérité à son sujet. Qu'il prenne l'affirmation de la vie comme un idéal, cela expliquerait toutefois pourquoi la somme de vérités qu'on peut endurer est devenue la mesure de la valeur chez Nietzsche[95].

....

92 NIETZSCHE.- *La Généalogie de la morale* III, 25.

93 NIETZSCHE.- *Par-delà le bien et le mal* 4.

94 WILCOX (John). - *Truth and Value in Nietzsche*. (Ann Harbor : The University of Michigan Press, 1974), p. 190 cité par CLARK (Maudemarie), opus cite, p. 200, note 9.

95 NIETZSCHE.- *Ecce Homo*, Préface 3.

Un peu plus loin, la dureté envers soi-même, requise par la volonté de vérité, a besoin d'être interprétée d'une façon ascétique (c'est-à-dire en dévaluant la vie). Considérons l'aphorisme qui sert de préface à la 3è dissertation de *la Généalogie de la morale* : « Insouciant, railleur, violent - ainsi nous veut la sagesse. Elle est femme, elle n'aimera jamais qu'un guerrier. » Sans examiner cela en détail, il semble sans danger de dire qu'il offre une description non ascétique du chercheur de la sagesse ou de la vérité. Cela est identique avec le début de *Par-delà le bien et le mal* : « A supposer que la vérité soit femme -, dites-moi, n'est-on pas fondé à soupçonner que tous les philosophes, dans la mesure où ils ont été dogmatiques, ne savaient guère s'y prendre avec les femmes[96] ? »

Les deux passages à la fois, comparent le chercheur de la connaissance, à un amoureux, ensuite plaçant la poursuite de la vérité en continuité avec d'autres activités naturelles des êtres humains reconnaissables. L'analogie tenue entre le connaisseur et le guerrier, devait être comparée au souhait de Nietzsche pour les 'psychologues anglais' dans la section ouvrant la première dissertation de *la Généalogie de la morale* : « Ces chercheurs qui étudient l'âme au microscope, sont au fond des créatures vaillantes, généreuses et fières, sachant tenir en bride leur cœur comme leur douleur, et ayant appris à sacrifier leurs désirs à la vérité, à toute vérité, même à la vérité simple, âpre, laide, répugnante, non chrétienne et immorale... Car de telles vérités existent. »

Nietzsche, ici, est explicite que ceux qui poursuivent la connaissance, ont besoin de beaucoup de ce que l'idéal ascétique a entraîné : dureté envers soi-même, bonne volonté à sacrifier le désir, confort et aisance, pour la vérité. Nietzsche ne croit pas que la philosophie requiert une particulière négation aux impulsions sensuelles. (C'est-à-dire plus que ce qui serait requis pour une autre activité humaine cultivée). Il serait à présent clair que « l'auto-négation » requise par la philosophie, est plus intellectuelle que sensuelle, et que l'un des points de la distinction de Nietzsche

96 NIETZSCHE.- *Par-delà le bien et le mal*, Préface.

entre le philosophe et le prêtre, est que son philosophe idéal, ne penserait pas l'auto-maîtrise intellectuelle requise par la philosophie en termes ascétiques, termes qui idéalisent l'auto-négation ou dévaluent la vie. En conséquence, Nietzsche admire dans le sacrifice du désir pour la vérité, non l'auto-négation impliquée, mais le courage et la magnanimité.

Finalement, bien qu'on promeuve certainement les intérêts de la vie, sans connaître ce qu'on est en train de faire, on peut à peine être dans une position qui consiste à prendre des décisions au sujet de ces intérêts, sans d'énormes connaissances. Ceci semble être le rôle que Nietzsche a choisi pour lui-même et qu'il déclare être le rôle du philosophe. Sa déclaration aura un appel peu populaire aujourd'hui, comme il le sait bien, même parmi les philosophes. Mais il sait en toute confiance que c'est sa déclaration qui donne un sens à la fois, à son engagement continu à la vérité, en dépit de son ascétisme apparent qu'il requiert, et son opposition à l'idéal ascétique. Nous ne pensons pas qu'il y ait d'autre chose à faire.

Cette solution, une fois encore, place notre interprétation en désaccord avec Nehamas, qui évidemment nie le fait que Nietzsche puisse, d'une façon consistante, livrer une sorte d'alternative à l'idéal ascétique. Nehamas semble dire fondamentalement que toute chose de la même envergure que l'idéal ascétique, et même toute attaque explicite, incarnerait ce que Nietzsche oppose au dernier : il ajoute également que l'opposition de Nietzsche à l'idéal ascétique est de « prévenir les autres du dogmatisme sans prendre une position dogmatique soi-même[97] ». Une partie de la solution qu'il offre, est que Nietzsche donne comme exemple, un idéal (en changeant sa propre vie en littérature), mais sans faire de déclaration là-dessus et certainement, sans faire l'éloge d'un essai universel.[98] »

97 NEHAMAS (Alexander), *Ibidem*, p. 133-137, cité par CLARK (Maudemarie), *Ibidem*, p.201.

98 NEHAMAS, *Ibidem*, p. 131 dans CLARK , *Ibidem*, p. 201.

Selon l'interprétation offerte ici, en opposition, c'est qu'un philosophe peut s'opposer à l'idéal ascétique seulement en s'amendant avec un idéal opposé à l'attention universelle. D'une autre façon, le philosophe sera en train de travailler au service de l'idéal ascétique. L'interprétation de Nehamas illustre au moins partiellement pourquoi ceci serait vrai. Pourquoi, après tout, Nietzsche ne serait-il pas concerné par l'esquive du dogmatisme ?

Nehamas utilise « dogmatisme », dans le sens moral, de confidence qu'on possède la vérité, comme lorsqu'il dit : « Tout effort pour présenter un point de vue, aucun fait, comment explicitement sa nature interprétative est-elle admise ? Fait-elle un engagement dogmatique dont on ne peut échapper ? Le point n'est pas que la foi en la vérité n'est pas assez questionnée du tout, pendant qu'elle est en train d'être offerte. Même un regard qui nie 'qu'il y ait une telle chose comme vraie, doit être présenté comme vrai[99].' » Nous ne voyons pas de raison pour penser que Nietzsche utilise le terme dans ce sens, et la protestation de Nietzsche contre le dogmatisme, toutefois, ne nous donne aucune raison pour être en accord avec son point de vue sur le problème fondamental de Nehamas qui est « celui de prévenir les autres du dogmatisme, sans prendre une position dogmatique soi-même[100] ? » Plus loin, notre interprétation est un argument contre l'hypothèse que le dernier Nietzsche a un problème de présentation de ses points de vue comme vrais (partant des « engagements dogmatiques » dans le sens de Nehamas).

Pour Nehamas, le dogmatisme implique « contradictions et déceptions[101]. » Mais s'il est au bas du tableau, l'engagement principal de Nietzsche serait celui de la vérité. Il se serait engagé dans un exercice compliqué, pour éviter de proclamer la vérité, pour son propre idéal, afin d'éviter de dire quelque chose de faux. Dans ce cas, la propre analyse de Nietzsche, aurait requis de nous,

99 NEHAMAS, *Ibidem*, p. 133 dans CLARK, *Ibidem*, p. 201.

100 NEHAMAS, *Ibidem*, p. 137.

101 NEHAMAS, *Ibidem*, p. 133.

d'interpréter son engagement à la vérité comme une expression de l'idéal ascétique.

Notre interprétation nie que Nietzsche soit concerné par le rejet du dogmatisme, dans le sens de Nehamas. Dans la préface à _Par-delà le bien et le mal_, Nietzsche compare « la philosophie du dogmaticien » à de l'astrologie - comme « seulement une promesse de mille ans » - et se réfère à l'erreur du « dogmaticien ». Nous considérons que Nietzsche a utilisé le mot « dogmatisme » comme le fait Kant pour qui la raison pure peut connaître les choses en elles-mêmes. À présent, Nietzsche, en fait, rejetait ce dogmatisme parce qu'il croyait que la vraie idée de la chose-en-soi impliquait « contradictions et déceptions ». Et le rejet de la chose-en-soi, pour cette raison, révèle vraiment d'un engagement à la vérité. Plus loin, l'analyse de Nietzsche nous le dit, cet engagement a sa source originelle dans l'idéal ascétique. Mais, selon notre interprétation, Nietzsche qui peut échapper à l'idéal ascétique et encore continuer de rejeter le dogmatisme (l'engagement au réalisme métaphysique), a originellement rejeté l'engagement à l'idéal ascétique, parce qu'il a un nouvel idéal, à l'égard de qui il reste engagé à la vérité.

Si des êtres humains, et spécialement ceux qui poursuivent la vérité, ont vraiment besoin d'une alternative à l'idéal ascétique, cela n'est pas quelque chose avec laquelle nous nous sentons mis en confiance. Mais si nous avons confiance en l'hypothèse de Nietzsche que nous sommes des êtres humains sans connexion avec le monde métaphysique, l'argument de la 3e dissertation de _la Généalogie de la morale_ pour cette déclaration, n'est pas facilement abandonné. Comment pouvons-nous expliquer le pouvoir de cet idéal nuisible à la vie des êtres humains, excepté le fait d'assumer le besoin réel d'un idéal ? Comment aurait-il été possible de gagner son influence énorme, s'il n'avait pas accompli ces besoins d'encouragement à la vie ? L'état du monde occidental, depuis la relative démission de l'idéal ascétique - un monde orienté largement vers la consommation individuelle et la guerre - offre une petite raison pour penser que Nietzsche avait tort, au sujet de ce dont nous avons besoin. Pas plus que le fait que les interprètes aient largement manqué le point de l'analyse de la 3è dissertation sur la volonté de vérité : le besoin d'un nouvel idéal. Il est vrai que ce soit seulement les dernières lignes de ce long exposé qui en parlent. Mais c'est exactement ce que l'argument de Nietzsche attendait de nous y conduire. Si ces interprètes ont encore la foi en la vérité (cependant beaucoup peuvent nier l'existence de la vérité et peuvent encore faire alors d'une volonté de vérité), qu'ils soient sous la domination de l'idéal ascétique; il sera difficile pour eux d'admettre la nécessité, ou la possibilité d'un nouvel idéal, et toutefois de reconnaître l'appel d'un nouvel idéal dans les situations indirectes de Nietzsche, admettant de regarder la volonté de vérité.

Ce dernier point s'harmonise bien avec ce que nous considérons comme l'argument final de Nietzsche touchant à la nécessité d'un nouvel idéal. Mis à part ce que le monde demande, il affirme que les philosophes, réellement, n'ont pas le choix, que la philosophie, ait, toujours créé des valeurs ou se serve de celles qui sont données par avance. Si nous ne créons pas de nouvelles valeurs, nous continuerons inévitablement à payer une sorte de tribut à l'idéal ascétique. Comme nous avons reconstruit l'argument, si nous affrontons la vérité, au sujet de la volonté de vérité et la philosophie, nous devons reconnaître la nécessité de créer de nouveaux idéaux, si seulement si nous évitons de servir un idéal que nous ne pouvons plus longtemps affirmer.

Conclusion partielle

La première remarque qui s'impose à nous, à ce point de notre analyse, est que l'approche généalogique reste victime elle-même de la morale réactive si elle ne va pas au-delà de la critique, pour laisser émerger les problèmes fondamentaux que la tradition a obturés, défigurés, ou déplacés. Nous verrons que ces problèmes ne peuvent apparaître qu'en filigrane parce que la figure sacerdotale reste dominante et que la volonté faible aspire aux médiations des idéaux ascétiques.

La deuxième remarque éclaire la première : l'analyse généalogique qui procède par transformation successive de problèmes, faisant apparaître dans la religion nihiliste la présence cachée d'une morale réactive, elle-même voulue en dernier ressort par une volonté décadente, n'implique pas la réduction de ces niveaux à un premier niveau qui fournirait la raison d'être des deux autres. L'analyse fait apparaître la cohérence, la logique comme dit souvent Nietzsche, qui organise et traverse ces niveaux.

Au total, la figure du prêtre n'est aussi caractéristique que parce qu'elle symbolise la confusion, effectivement opérée dans l'histoire, entre volonté faible en quête d'un but, morale réactive adaptée à l'individu porté à l'oubli de soi et religion nihiliste du Dieu bon et pitoyable. Elle ne peut apparaître sous sa face ténébreuse que parce que déjà autre chose est apparu, qui trouve son expression positive dans le *Zarathoustra* et manifeste sa portée critique dans *La Généalogie*, reliée à *Par-delà le bien et le mal.*

Table des abréviations

La *Genèse* : Gn ou Gen.
L'Exode : Ex. ou Exod.
Le Lévitique : Lv. ou Levit.
Les Nombres : Nb ou Num.
Le Deutéronome : Dt. Ou Deut.
Le livre de Josué : Jos.
Le livre des Juges : Jg.
Premier livre de Samuel : 1S.
Deuxième livre de Samuel : 2S.
Premier livre des Rois : 1R. ou 1 Reg.
Deuxième livre des Rois : 2R. ou 2 Reg.
Esaïe ou Isaïe : Es. ou Is.
Jérémie : Jr.
Ezéchiel : Ez. ou Ezech.
Osée : Os.
Joël : Jl.
Amos : Am.
Abdias : Ab.
Jonas : Jon.
Michée: Mi.
Nahoum: Na.
Habaquq: Ha

Sophonie : So.
Aggée : Ag.
Zacharie : Za.
Malachie : Ml. ou Mal.
Les Psaumes : Ps.
Le livre de Job : Jb.
Les Proverbes : Pr.
Le livre de Ruth : Rt
Le Cantique des cantiques : Ct.
Qohélet ou l'Ecclésiaste : Qo ou Eccl.
Les Lamentations : Lm.
Le livre d'Esther : Est.
Daniel : Dn. ou Dan.
Le livre d'Esdras : Esd.
Le livre de Néhémie : Ne
Premier livre des Chroniques : 1 Ch.
Deuxième livre des Chroniques : 2 Ch.
Le livre d'Esther (Grec) : Est. Gr.
Le livre de Judith : Jdt
Le livre de Tobit : Tb
Premier livre des Maccabées : 1 M
Deuxième livre des Maccabées : 2 M
Le livre de la Sagesse : Sg
Le livre du Siracide : Si.
Le livre de Baruch : Ba
La lettre de Jérémie : Lt-Jr.
L'évangile de Mathieu : Mt
L'évangile de Marc : Mc
L'évangile de Luc : Lc

L'évangile de Jean : Jn ou Jon.

Les Actes des Apôtres : Ac.

Apocalypse : Ap. ou Apoc.

1èré épître aux Corinthiens : 1 Co

2è épître aux Corinthiens : 2 Co

Épître aux Colossiens : Col.

Épître aux Ephésiens : Ep.

Épître aux Galates : Ga.

Épître aux Hébreux : He

Épître de Jacques : Jc

1ère épître de Jean : 1 Jn ou 1 Jo

2è épître de Jean : 2 Jn

3è épître de jean : 3 Jn

Épître de Jude : Jude

1ère épître de Pierre : 1P

2è épître de Pierre : 2P

Épître aux Philippiens : Ph

Épître à Philémon : Phm

Épître aux Romains : Rm

1ère épitre aux Thessaloniciens : 1 Th

2è épître aux Thessaloniciens : 2 Th

1ère épître à Timothée : 1 Tm

2è épître à Timothée : 2 Tm

Épître à Tite : Tt.

Bibliographie

(sous la Dir. De LAFOND (Jean).- *Moralistes du XVII^{è} siècle de Pibrac à Dufresny* (Paris, Robert Laffont, 1992)

CENTRE D'ETUDES DES RELIGIONS AFRICAINES.- *Méditations Africaines du sacré.* Actes du 3è colloque International, Kinshasa, Faculté de Théologie Catholique, 1986

M. FOUCAULT.- « Nietzsche, la généalogie, l'histoire » in *hommage à Jean Hyppolite*, (Paris, P.U.F 1971).

CLARK (Maudemarie) .- *Nietzsche on Truth and Philosophy*, (Cambridge University Press 1990)

CLARK(Maudemarie).- "Deconstructing The Birth of Tragedie" in *International Studies in Philosophy* 19, n° 2 (1987)

H. LESETRE.- *Dictionnaire de la Bible*, Tome 4- Tome 5/1, (année d'édition et maison d'édition non marquées)

DANTO (Arthur, C.).- *Nietzsche As Philosopher*. (New York : Macmillan, 1965)

DREWERMANN(E.). *Fonctionnaires de Dieu*, (Paris, Albin Michel, 1993)

DREWERMANN (E.).- *Le mal. Structures et permanence* (Paris, Desclée de Brower, 1995)

HEIDEGGER *Nietzsche*, (Neske, 1961, 2 volumes, traduction française Pierre KLOSSOWSKI, Paris, Gallimard, 1971).

KANT.- *La Critique de la raison pure* (Paris, P.U.F., 1980) Traduction de Tremesaygues Aurore. et Pacaud B.

KAUFMANN (Walter).- *Nietzsche. Philosopher*, Psychologist, Antichrist (Princeton University Press, Princeton and London, Fourth Edition, 1974)

M. FOUCAULT.- « Nietzsche, la généalogie, l'histoire » in *hommage à Jean Hyppolite*, (Paris, PUF 1971).

M. LUTHER.- *De la liberté du chrétien*, Aubier, coll. « Foi vivante », n° 109, 1969

MARTON(Scarlett).- « Nietzsche et Kant : Philosophie, Critique et Morale » in file ://*Aurore* :\20th WCP Nietzsche et Kant Philosophie, Critique et Morale. htm, pp.1-8.

NEHAMAS (Alexander).- *Nietzsche : Life As Literature.* (Cambridge, Mass. : Harvard University Press, 1985)

NIETZSCHE (Friedrich).- *Œuvres Complètes* I, (Paris, Robert Laffont/ Bouquins 1993)

NIETZSCHE.- *Œuvres Complètes*, 2, (Paris, Robert Laffont, 1993).

Table des matières

L'Harmattan Italia
Via Degli Artisti 15; 10124 Torino

L'Harmattan Hongrie
Könyvesbolt ; Kossuth L. u. 14-16
1053 Budapest

L'Harmattan Kinshasa
185, avenue Nyangwe
Commune de Lingwala
Kinshasa, R.D. Congo
(00243) 998697603 ou (00243) 999229662

L'Harmattan Congo
67, av. E. P. Lumumba
Bât. – Congo Pharmacie (Bib. Nat.)
BP2874 Brazzaville
harmattan.congo@yahoo.fr

L'Harmattan Guinée
Almamya Rue KA 028, en face du restaurant Le Cèdre
OKB agency BP 3470 Conakry
(00224) 60 20 85 08
harmattanguinee@yahoo.fr

L'Harmattan Cameroun
BP 11486
Face à la SNI, immeuble Don Bosco
Yaoundé
(00237) 99 76 61 66
harmattancam@yahoo.fr

L'Harmattan Côte d'Ivoire
Résidence Karl / cité des arts
Abidjan-Cocody 03 BP 1588 Abidjan 03
(00225) 05 77 87 31
etien_nda@yahoo.fr

L'Harmattan Mauritanie
Espace El Kettab du livre francophone
N° 472 avenue du Palais des Congrès
BP 316 Nouakchott
(00222) 63 25 980

L'Harmattan Sénégal
« Villa Rose », rue de Diourbel X G, Point E
BP 45034 Dakar FANN
(00221) 33 825 98 58 / 77 242 25 08
senharmattan@gmail.com

L'Harmattan Bénin
ISOR-BENIN
01 BP 359 COTONOU-RP
Quartier Gbèdjromèdé,
Rue Agbélenco, Lot 1247 I
Tél : 00 229 21 32 53 79
christian_dablaka123@yahoo.fr

Achevé d'imprimer par Corlet Numérique - 14110 Condé-sur-Noireau
N° d'Imprimeur : 110264 - Dépôt légal : juillet 2014 - *Imprimé en France*